汉译人类学名著丛书

爱尔兰乡下人
——一项人类学研究

〔美〕康拉德·M.阿伦斯伯格 著

乐梅 译

商务印书馆
创于1897 The Commercial Press

Conrad M. Arensberg
THE IRISH COUNTRYMAN
An Anthropological Study
Originally published in 1937
Copyright © 1968 by Conrad M. Arensberg
The English language edition of this book is published by Waveland Press, Inc.
4180 IL Route 83, Suite 101, Long Grove, Illinois 60047
United States of America
根据美国韦夫兰出版社 1988 年版译出

汉译人类学名著丛书

总　　序

　　学术并非都是绷着脸讲大道理，研究也不限于泡图书馆。有这样一种学术研究，研究者对一个地方、一群人感兴趣，怀着浪漫的想象跑到那里生活，在与人亲密接触的过程中获得他们生活的故事，最后又回到自己原先的日常生活，开始有条有理地叙述那里的所见所闻——很遗憾，人类学的这种研究路径在中国还是很冷清。

"屹立于世界民族之林"的现代民族国家都要培育一个号称"社会科学"（广义的社会科学包括人文学科）的专业群体。这个群体在不同的国家和不同的历史时期无论被期望扮演多少不同的角色，都有一个本分，就是把呈现"社会事实"作为职业的基础。社会科学的分工比较细密或者说比较发达的许多国家在过去近一个世纪的时间里发展出一种扎进社区里搜寻社会事实、然后用叙述体加以呈现的精致方法和文体，这就是"民族志"（ethnography）。

"民族志"的基本含义是指对异民族的社会、文化现象的记述，希罗多德对埃及人家庭生活的描述，旅行者、探险家的游记，那些最早与"土著"打交道的商人和布道的传教士以及殖民时代"帝国官员"们关于土著人的报告，都被归入"民族志"这个广义的文体。这些大杂烩的内容可以被归入一个文体，主要基于两大因素：一是它们在风格上的异域情调（exotic）或新异感，二是它们表征着一个有着内在一致的精神（或民族精神）的群体（族群）。

具有专业素养的人类学家逐渐积累了记述异民族文化的技巧，把庞杂而散漫的民族志发展为以专门的方法论为依托的学术研究成果的载体，这就是以马林诺夫斯基为代表的"科学的民族志"。人类学把民族志发展到"科学"的水平，把这种文体与经过人类学专门训练的学人所从事的规范的田野作业捆绑在一起，成为其知识论和可靠资料的基础，因为一切都基于"我"在现场目睹（I witness），"我"对事实的叙述都基于对社会或文化的整体考虑。

民族志是社会文化人类学家所磨砺出来的学术利器，后来也被民族学界、社会学界、民俗学界广泛采用，并且与从业规模比较大的其他社会科学学科结合，发展出宗教人类学、政治人类学、法律人类学、经济人类学、历史人类学、教育人类学……

人类学的民族志及其所依托的田野作业作为一种组合成为学术规范，后来为多个学科所沿用，民族志既是社会科学的经验研究的一种文体，也是一种方法，即一种所谓的定性研究或者"质的研究"。这些学科本来就擅长定性研究，它们引入民族志的定性研究，使它们能够以整体的（holistic）观念去看待对象，并把对象在经验材料的层次整体性地呈现在文章里。民族志是在人类学对于前工业社会（或曰非西方社会、原始社会、传统社会、简单社会）的调查研究中精致起来的，但是多学科的运用使民族志早就成为也能够有效地对西方社会、现代社会进行调查研究的方法和文体。

作为现代社会科学的一个主要的奠基人，涂尔干强调对社会事实的把握是学术的基础。社会科学的使命首先是呈现社会事实，然后以此为据建立理解社会的角度，建立进入"社会"范畴的思想方式，并在这个过程之中不断磨砺有效呈现社会事实并对其加以解释的方法。

民族志依据社会整体观所支持的知识论来观察并呈现社会事实，对整个社会科学、对现代国家和现代世界具有独特的知识贡献。中国古训所讲的"实事求是"通常是文人学士以个人经历叙事明理。"事"所从出的范围是很狭窄的。现代国家需要知道尽可能广泛的社会事实，并且是超越个人随意性的事实。民族志是顺应现代社会的这种知识需要而获得发展机会的。

通过专门训练的学者群体呈现社会各方的"事",使之作为公共知识,作为公共舆论的根据,这为各种行动者提供了共同感知、共同想象的社会知识。现代社会的人际互动是在极大地超越个人直观经验的时间和空间范围展开的,由专业群体在深入调查后提供广泛的社会事实就成为现代社会良性化运作的一个条件。现代世界不可能都由民族志提供社会事实,但是民族志提供的"事"具有怎样的数量、质量和代表性,对于一个社会具有怎样的"实事求是"的能力会产生至关重要的影响。

社会需要叙事,需要叙事建立起码的对社会事实的共识。在现代国家的公共领域,有事实就出议题,有议题就能够产生共同思想。看到思想的表达,才见到人之成为人;在共同思想中才见到社会。新闻在呈现事实,但是新闻事实在厚度和纵深上远远不够,现代世界还需要社会科学对事实的呈现,尤其是民族志以厚重的方式对事实的呈现,因为民族志擅长在事实里呈现并理解整个社会与文化。这是那些经济比较发达、公共事务管理比较高明的国家的社会科学界比较注重民族志知识生产的事实所给予我们的启示。

在中国现代学术的建构中,民族志的缺失造成了社会科学的知识生产的许多缺陷。学术群体没有一个基本队伍担当起民族志事业,不能提供所关注的社会的基本事实,那么,在每个人脑子里的"社会事实"太不一样并且相互不可知、不可衔接的状态下,学术群体不易形成共同话题,不易形成相互关联而又保持差别和张力的观点,不易磨炼整体的思想智慧和分析技术。没有民族志,没有民族志的思想方法在整个社会科学中的扩散,关于社会的学术就难以"说事儿",难以把"事儿"说得有意思,难以把琐碎的现象勾连起来成为社会图像,难以在社会过程中理解人与文化。

因为民族志不发达,中国的社会科学在总体上不擅长以参与观察为依据的叙事表述。在一个较长的历史时期,中国社会在运作中所需要的对事实的叙述是由文学和艺术及其混合体的广场文艺来代劳的。收租院的故事,《创业史》《艳阳天》,诉苦会、批斗会,都是提供社会叙事的形式。在这些历史时期,如果知识界能够同时也提供社会科学的民族志叙事,中国社会对自己面临的问题的判断和选择会很不一样。专家作为第三方叙事对于作为大共同体的现代国家在内部维持明智的交往行为是不可缺少的。

民族志在呈现社会事实之外,还是一种发现或建构民族文化的文体。民族志学者以长期生活在一个社区的方式开展调查研究,他在社会中、在现实中、在百姓中、在常人生活中观察文化如何被表现出来。他通过对社会的把握而呈现一种文化,或者说他借助对于一种文化的认识而呈现一个社会。如果民族志写作持续地进行,一个民族、一个社会在文化上的丰富性就有较大的机会被呈现出来,一度被僵化、刻板化、污名化的文化就有较大的机会尽早获得准确、全面、公正的表述,生在其中的人民就有较大的机会由此发现自己的多样性,并容易使自己在生活中主动拥有较多的选择,从而使整个社会拥有各种更多的机会。

中国社会科学界无法回避民族志发育不良的问题。在中国有现代学科之前,西方已经占了现代学术的先机。中国社会科学界不重视民族志,西洋和东洋的学术界却出版了大量关于中国的民族志,描绘了他们眼中的中国社会的图像。这些图像是具有专业素养的学人所绘制的,我们不得不承认它们基于社会事实。然而,我们一方面难以认同它们是关于我们社会的完整图像,另一方面我们又没有生产出足够弥补或者替换它们的社会图像。要超越这个局面中我们杂糅着不服与无奈的心理,就必须发展起自己够水准的民族志,书写出自己所见证的社会图像供大家选择或偏爱、参考或参照。

这个译丛偏重选择作为人类学基石的经典民族志以及与民族志问题密切相连的一些人类学著作,是要以此为借鉴在中国社会科学界推动民族志研究,尽快让我们拥有足够多在学术上够水准、在观念上能表达中国学者的见识和主张的民族志。

我们对原著的选择主要基于民族志著作在写法上的原创性和学科史上的代表性,再就是考虑民族志文本的精致程度。概括地说,这个"汉译人类学名著丛书"的入选者或是民族志水准的标志性文本,或是反思民族志并促进民族志发展的人类学代表作。民族志最初的范本是由马林诺夫斯基、米德等人在实地调查大洋上的岛民之后创建的。我们选了米德的代表作。马林诺夫斯基的《西太平洋的航海者》是最重要的开创之作，好在它已经有了中文本。

我们今天向中国社会科学界推荐的民族志，当然不限于大洋上的岛民，不限于非洲部落，也不应该限于人类学。我们纳入了社会学家写美国工厂的民族志。我们原来也列入了保罗·威利斯（Paul Willis）描写英国工人家庭的孩子在中学毕业后成为工人之现象的民族志著作《学做工》，后来因为没有获得版权而留下遗憾。我们利用这个覆盖面要传达的是，中国社会科学的实地调查研究要走向全球社会，既要进入调查成本相对比较低的发展中国家，也要深入西洋东洋的主要发达国家，再高的成本，对于我们终究能够得到的收益来说都是值得的。

这个译丛着眼于选择有益于磨砺我们找"事"、说"事"的本事的大作，因为我们认为这种本事的不足是中国社会科学健康发展的软肋。关于民族志，关于人类学，可译可读的书很多；好在有很多中文出版社，好在同行中还有多位热心人。组织此类图书的翻译，既不是从我们开始，也不会止于我们的努力。大家互相拾遗补缺吧。

高 丙 中

2006年2月4日立春

结构功能视角下的一次人类学入门工作坊(代译序)

乐 梅

美国人类学家康拉德·阿伦斯伯格(Conrad Arensberg,1910—1997)的代表作《爱尔兰乡下人——一项人类学研究》(1937),是一本不可多得的优秀的社会人类学入门读物。它在描述爱尔兰乡村小郡的生活习俗的同时,对那里人们的相互关系和社区结构做了精辟的人类学阐释。1920—1930年代,人类学开始拓展学科的研究对象,从聚焦原始初民社会延伸至关注现代社会。本书作为人类学学者在欧洲做田野的先例,其意义非同凡响(弗思 1991:185;Frankenberg 1966:25-44;Thomas 1997),并为促进广大读者了解和欣赏人类学起到重要作用。人类学的主流化总是伴随一个国家的民众与外面世界愈加广泛频繁的交往而应运而生,人们从对他人异同的感知好奇,到询问追究,到理性升华。在今天这样一个全球化和走出去的时代,像本书这样关乎域外一个国别、族群、社区的既有详实描写又有深刻分析的民族志,多多为善。

一部精炼的民族志经典

现有的民族志数量庞大,但精简的却不多见,《爱尔兰乡下人》是后一类里的杰出之作。一般说来,民族志洋洋洒洒几百页,不足为奇。因为它的主要任务是对人类学学者所研究的社会进行描述,理论的探讨居于其次(Mair 1985:9)。1980年代末我在美国读人类学研究生,作业布置阅读大师马林诺夫斯基(Malinowski)的《西太平洋上的航海者》并写书评。五百多页的小字啊!我捧着一本英汉词典,连续两三天看得昏天黑地,至清晨五点。书中处处新奇,我却不得要领,无从下笔。被困于特罗布里恩群岛和当地土著人之中的马氏给后人积累民族志素材树立了标杆:他细细拾起所有看到、听到、想到、感受到的点滴,有闻必录。英国社会人类学家埃文思-普里查德(Evans-Pritchard)说得明白:人类学学者收集第一手资料是在创造资料。在社会变迁的时代,有些东西不及时地记录将永远地消失;观察和记录的材料是否有价值,不仅是当事人的决定,还要由他人和后人评判(Evans-Pritchard 2006:88)。

事实上,基于此次爱尔兰农村田野的完整民族志《爱尔兰的家庭与社区》(Arensberg and Kimball 1940),最终于1940年由作者和当年同他一起调研的人类学家索伦·金博尔(1909—1982)合著完成(1968年再版,440页)。作为正式版本的前奏曲,《爱尔兰乡下人》是阿伦斯伯格1936年在波士顿就此调研所做的六场公开课的文字稿,内容做了必要的浓缩,篇幅只为民族志终稿的四成。面对普通市民,他的叙述风格平易近人,轻松诙谐,举例频频,深入浅出。全书没有晦涩的术语和句型,甚至只字未提"结构功能主义",却流畅地传达了这一理论视角下人们的局部关系和活动与社会整体结构和运作之间的有机一统。难怪该书出版30年后再版发行;60年后缅怀作者的悼文以它仍为师生们所用感到骄傲(Trimel 1997);80多年后的今天,它还在高校人类学读物在印书目的订单上。

介绍《爱尔兰乡下人》是向经典致敬。埃文思-普里查德曾于1950年应邀在英国广播公司(BBC)为学科的普及做过一次系列讲座,分六个题目。其中在介绍"社会人类学的现代研究"时,他为了解释两种不同类型的"抽象"分析,用了几本民族志作品举例说明。一本是米德的《萨摩亚人的成年》(1928)。她在一个南太平洋群岛上对少女的青春期进行研究,所采用的分析方法是"通过涉及社会生活的某一部分,对特定和有限的问题进行调查,而对社会生活的其余部分,只有当其与所调查的问题有关系时才给予考虑"(Evans-Pritchard 2006:96-98)。这本书的中文版于1988年首次在我国发行。

相应的另一研究方法是"把从社会生活中抽象出来的东西加以整合,进行结构性的分析"(同上书:96)。埃文思-普里查德本人在非洲的两项研究,

《阿赞德人的巫术、神谕和魔法》和《努尔人》,采取的就是这种方法。为了说明社会人类学不再仅限于关注原始初民社会,他还举了一个采用同样方法研究现代社会的例子(同上书:105—107),并称该书是结构分析的优秀榜样,这便是阿伦斯伯格的《爱尔兰乡下人》。埃文思-普里查德特别赞扬作者抓住婚姻这个乡村生活的支点,诠释了它在农庄的家庭换代、财产重整,以及乡镇关系上的结构性核心位置。他还肯定了作者视乡下人和镇上店主之间的债务关系是他们的社会关系的一部分的深刻见解。在爱尔兰乡间,农庄家庭经常赊欠店铺家庭,并拖拖拉拉不急于还清债务,这在双方关系基本对等的情况下,体现了他们之间相互依赖彼此信任的社会纽带和责任感;如果一夜之间彻底还清欠款反而是绝交的信号。债务和彩礼一样是社会地位的标志,是一个人有能力和意愿维系社会责任体系的标志,而不能用简单的经济和法律尺度来判断。

米德和阿伦斯伯格都是在27岁上发表了各自的第一部民族志,两人也都因此一举成名。他们的不同之处在于阿伦斯伯格没有按当时人类学的惯例到一个习俗迥异、语言不通的地方去发现形成人们不同行为的特有社会语境,而是在一个与自身文化和语言相近甚至相同的社区里,通过结构功能的分析方法了解整个社会框架与构成部分之间的影响和互动,找到爱尔兰乡土社会的特点。

事实是,并非所有在田野里待上一两年的人,都能弄明白所生活的社区或群组具有怎样的结构特点,写出相应的民族志的。这方面,阿伦斯伯格和他的同伴金博尔显然是幸运的。他们是训练有素的职业人类学学者,熟知学科的理论思路,具有田野工作的完备技能,清楚哪些材料含有获得答案的线索。埃文思-普里查德认为,正是这样的专业人员和研究方法成为区别于19世纪早期人类学的现代社会人类学标志(同上书:55)。

看过讲述法国女雕塑家《卡米尔·克洛黛》那部电影的人,或许记得片中一个镜头:一个小男孩在对她创作的精美人体石雕注视了一会儿后,仰头问道:"你怎么知道这石头里面有人?"读完阿伦斯伯格的这本书,就会有这种感觉,让你不由地想好好地再读一遍。经典就有这样的魅力。

结构功能视角下的一次人类学入门工作坊

阅读《爱尔兰乡下人》仿佛参加了人类学家举办的一场怎么着手做民族志的工作坊。人类学入门作品通常是中规中矩、横平竖直地梳理学科的发展由来和分支延展，其间点缀了里程碑式的人物和各地田野采集的事实来丰富要点。也有以初出茅庐不谙世事的人类学学子为主打的异域游记，通过作者本人遭遇的一连串嬉笑怒骂、歪打正着的窘事，让读者在捧腹大笑中感受跨文化的领悟，喜欢上这一门。而在本书，阿伦斯伯格则鼓励大家跟他一起热身，认真地做一次人类学的认识实践。他提醒读者要——像人类学者那样——搁置偏见（"这种讨价还价获得媳妇的相亲，不把爱情放在首位，实在有失浪漫"），不要轻信传言（"乡下人蜂拥来到镇上，镇上的人都被挤没影了"），三番五次地邀我们"走入小农庄主的日常生活去探个究竟"，或"到镇上去看看"，尝试和人类学学者一起"全身心地沉浸到乡下人的生活方式中去"。这种站在对方的立场看问题、了解对方生活语境的做法，是人类学认知的出发点。这让人想起美国人类学家格尔茨（Geertz）的一段话：如果你想理解一门学科是什么，你首先应该观察的，不是这门学科的理论或发现，当然更不是它的辩护士们说了些什么；你应该观察这门学科的实践者们在做些什么。在人类学或至少在社会人类学领域内，实践者们所做的是民族志。正是通过理解什么是民族志——或者更准确地说，理解什么是从事民族志——才可能迈出第一步，开始理解人类学分析作为知识的一种形式到底是什么。（Geertz 1973:5-6）

那么，读者在观察田野里的人类学学者时，人类学学者又在田野里观察什么呢？法国文艺理论家泰纳曾说，当你用你的眼睛去观察一个看得见的人的时候，你在寻找什么呢？你是在寻找那个看不见的人。他认为文学家是在透过各式各样的表面现象，在寻找对方隐蔽的内心世界，一个人的"灵魂"（泰纳1979:235）。相比而言，社会人类学学者也是在透过可以看得见的人在寻找看不见的东西，即人们的相互关系和社会的结构。虽然格尔茨说观察一个学科的理论不是入门的第一步，但阿伦斯伯格在迈入爱尔兰乡间（抑或任何人类学学者迈入田野）时，显然掌握了不止一种影响甚至决定他如何观察事物、如何做民族志的理论,因此,简单了解本书作者手里的工具——结构功能主义——可以更好地懂得社会人类学学者的工作。

人们注意到社会具有结构性,由来久远。1920—1940年代,英国社会人类学家拉德克利夫-布朗(Radcliffe-Brown)把结构功能学说带入这一学科关注的中心。简单地说,结构指的是人们之间(除了伊甸园里的亚当和夏娃)多元复杂的权利和义务关系构成的网络,它把社会结成一个有序的整体。功能是在把社会的局部活动(例如婚丧习俗、惩罚犯罪)看成社会整体活动的组成部分的前提下,前者在维持社会运作和延续上起到的作用。例如呼吸、消化、骨骼肌肉等系统,它们既构成了人体,对生命的正常活动和延续也起着关键作用。社会人类学学者的主要任务,就是通过观察看得见的、人们反复表现出来的行为活动、语言活动、物质活动来揭示看不见的关系网络和社会结构及其特点(Radcliffe-Brown 1965:179 - 181,190 - 192)。

结构功能的方法为社会人类学学者在此之前主要依赖的前因后果的历史观方法添加了新的视角和思路,好比揭开一个社会的结构横断面。推举这一新方法的人类学学者们常用的一个类比就是语言。学习一门语言时,人们可以直接通过学习其词汇拼写、发音、语法结构等去掌握它,不必非要熟知这门语言是怎么发展而来的历史。在《爱尔兰乡下人》第一讲,阿伦斯伯格用一夫一妻制的研究举例说明。过去,人类学学者主要追溯这一制度的历史来源或传播途径,提出的问题是:这个部族从哪儿获得一夫一妻制的习惯?这一制度之前又经历过哪些阶段?碰到有发展过程或传播途径因缺少某个环节与典型模式不般配时,就用假设和猜测补上。而在改用结构功能的视角后,他们则会问:男性在追求伴侣时都做些什么?想些什么?有什么样的动机?他的行为对生活其他方面造成什么样的影响?从而转为考察这些现象对当下的男女关系和社会秩序起到怎样的作用。作者又以洛克村的西屋为例。村里每家西屋的布置都呈现出一种崇敬和神秘的气氛,而且似乎都与民间传说中的仙子有关。按照过去的思路,人类学学者会想到"西"是传统意义上死亡的方位,又代表着古代凯尔特神话里的天堂。遗憾的是,顺着这一追根溯源的思路没走多远就进了死胡同;老乡们不是否认或不知,便是即兴发挥或搪塞。然而改用结构功能的观察视角,作者便有机会发现西屋在父亲把农庄大权转交继承家业的儿子时，扮演了微妙且不可小觑的角色，是整个家庭结构大换班平稳过渡的一个重要条件。阿伦斯伯格在这本书中如此一招一式地现场演示给读者看人类学学者在田野里观察什么，怎样改换不同理论工具探寻那些无形却有意义的人类社会关系，实在难得。

在书中我们可以看出，其实在阿伦斯伯格做田野的村庄里，有律师有神父，有规范人们之间权利义务的法律条款和明确道德行为的宗教教义。而结构功能的视角还关注村民们平常生活中那些他们日复一日、真实做着的、非语言的民俗行为，从中寻找具有规律性、潜移默化的人与人的关系特点。例如（第四讲），每当老年人在场，所有更好的东西——更热乎的那杯茶，稍厚的那片面包，两枚而非一枚鸡蛋，填得冒尖的烟斗——都会呈给他们，显示了渗入日常行为的敬老准则。老者们也不负众望地承担起"位高则任重"的角色，代表社区与外界团体打交道谋福利。这些互动体现的老少关系，是维持生活和谐运作的一种社会秩序。又例如（第二讲），作者对爱尔兰小农家庭怎么做活路的观察：女人从早到晚在院内忙活，男人一年到头在地里劳作。这种内外分工合作的小农经济特点，既是他们的生产方式也是村民达成共识的妻子和丈夫的社会角色，并受到仙子传说的管控，使乡下的社区生活井井有条。

虽然作者（第六讲）谈到情感与象征意义交汇所产生的社会作用，一般来说，结构功能的观察方式并不聚焦个人的生活经历（不少文化人类学学者对此深感遗憾甚至恼怒），不去揣摩和猜想看不见的个人内心活动（那是心理学家和小说家的事），而是像实证科学工作者那样注重可观察到的行为，包括体现人们相互关系的语言活动。例如，擅长语言的阿伦斯伯格就注意到，爱尔兰小农生活里充满了搭伙合作，当他们说"我们有权去帮助某个朋友"时，权利与义务融为一体，朋友关系无限接近亲属关系。又比如，乡下四五十岁的男性仍有可能被称作"男孩"（这让都柏林的名报编辑们大跌眼镜！）。但作者在这一用词方式里看到，生理年龄上的人与社会年龄上的人并不总是同步，长大需要社会地位关系上的一次飞跃，这在爱尔兰乡下就是父亲主动转交产权。犹如翻版的《睡美人》，只是唤醒男孩们活过来成长为男人的是父亲离位的吻别(Frankenberg 1966:32)。

那些一言不发静静地待在人们生活中的物件,也是人类学学者关注之处。例如,通过观察农庄屋舍内外的布局,对比镇上店铺楼下楼上的布置,阿伦斯伯格发现两者都既是家庭生活单元也是经济生产单元,父子关系也是主管与劳力的关系(绝非大农庄主与短工的雇佣关系)。由于供求之需,加之小镇语境中理想的媳妇和女婿人选,于是爱尔兰的乡村与集镇便通过家庭贸易和联姻而紧紧地连在一起。所谓"乡下人蜂拥来到镇上,镇上的人都被挤没影了"的传言,也不攻自破。

当然人类学学者在田野里更拭目以待的,是那些富于戏剧性的牵一发而动全身的关键事件,例如第三讲里的相亲。这是人们生活在有组织的社会里上演的一场戏;一个主角结婚,表演却动用了全班人马。直到新家庭从解体的旧家庭中萌生而出,人物之间的相互关系按部就班、自始至终、彻底地完成了转变,结局才变得明朗,问题才得到化解。当然,生活里的这一幕也就此结束。对于阿伦斯伯格,他还透过观察这场热闹喜剧,归纳出看不见的、汇集血缘纽带、土地财产、名誉声望于一体的乡下人秉持的家庭至上观念,以及它对农村生活——土地改革,晚婚和独身在人口中的超高比例,移民特点,手工艺匠人阶层的衰落,地方政治的构成——方方面面的巨大影响(Du Bois 1941:460)。

英国社会人类学家弗思对结构功能的观察方法有一段精辟的见解:人们通常说社会人类学学者研究一个社会,一片社区,一种文化。但这不是他们所观察的。他们所观察的是人类的活动。他们甚至不是在观察社会关系;而是从人体的行为举止推断社会关系(Firth 1963:22)。与他齐名的另一位英国社会人类学家福蒂斯在对人类学者观察的视角和行动者的视角进行区别的同时,指出:"社会现实"独立地存在于观察者的意识之外,但是可以通过感觉、认知、情感对其加以理解的(Fortes 1978:10)。他认为这种基于经验的研究方法是现代社会人类学的精髓。说到底,阿伦斯伯格在田野里所做的与其他社会人类学学者做的一样,是在探究他们的开山导师法国社会学家埃米尔·涂尔干(Durkheim)终其一生想要弄清的问题——社会团结,人们是如何以不同方式连结在一起的?

《爱尔兰乡下人》的一个附带背景在这里值得一提。拉德克利夫-布朗曾早于埃文思-普里查德十年在1940年英国皇家人类学"会长演讲"中提到本书涉及的田野调研。在那次演讲中,他将社会结构的研究认作社会人类学最主要的任务,并建议分三步来完成:1)建立容纳各种社会结构的类别体系;2)了解各种社会结构如何运作,如何维持和延续其社会关系网络;3)揭示结构如何变迁,新结构如何出现的过程(Radcliffe-Brown 1965:194-204)。他提议先对一系列单个社会进行深入的结构分析,再将不同社会结构进行比较,从而"洞悉这个我们乃系其中一部分的世界的本质"。这个宏伟设想无疑需要众多人类学学者的齐心合力方能实现。回顾他三十年来致力于此,拉德克利夫-布朗感叹"目前对此真正感兴趣的学者屈指可数"。但他又兴奋地补充,好在对单一社会结构的研究不再限于原始初民社会,已经扩展到现代社会。为此他举例约翰·恩布里(Embree)据其1935—1936年在日本的田野工作写成的《须惠村》(1939);霍勒斯·迈纳(Miner)据其1936—1937年在加拿大魁北克省一个法裔乡村教区调研著述的《圣丹尼斯》(1939);还有对"西西里、爱尔兰、美国"的社区研究。他在这里提到的"爱尔兰"调研,就是阿伦斯伯格(与金博尔合作)在克莱尔郡田野工作基础上完成的爱尔兰研究。

阿伦斯伯格在本书的开场(第二讲),论证了"了解爱尔兰小农的生活,正是与这片土地上唯一数量最多的一组人打交道"的点面关系。在接近尾声时(第五讲)前后呼应道,"乡下人的生活方式又为我们提供了至少一条理解一个民族和一个人民的线索"。虽然他在首版序言(1936)的第一句就承认,试图诠释一个民族的百姓的做法可谓冒失,但显而易见,社会人类学学者相信在一个地方的深入浸泡能够对一大片区域得出某些精辟见解。这也符合这一田野调查所属的"哈佛-爱尔兰考察"综合项目的初衷(尽管另外两个子项目的选点取材方式与此完全不同)。

然而,对照上面拉德克利夫-布朗列出(多以农村为田野的)单一现代社会结构分析的名单,"乡村的便是爱尔兰的"的推理,显然受到历史特殊性的局限。设想一个容纳各种社会结构形式的门纲目科类别体系,其成分各自附带民族-历史的脚注,它的整体实证科学性也会受到质疑。在这点上,埃文思-普里查德在援引了历史学家告诫弟子要研究"问题"而不是"时期"、考古学家叮嘱学子要研究"问题"而不是"遗址"之后,说出他对人类学学子的建议:要研究"问题"而不是"民族"(Evans-Pritchard 2006:87)。这并不是说时期、遗址、民族不重要,而是提醒我们不要因特殊而忽视了普遍。社会人类学学者发现和分析的问题往往具有全人类的普遍性,而不仅限于在某个特殊民族背景和地理环境中起重要作用。西太平洋上特罗布里恩岛民努力追求名誉而非利润,非洲中部阿赞德人的信仰体系怪诞却具有哲学和道德的意义,爱尔兰南方的债务拖欠体现和维系了乡下人与镇上人的依赖关系,等等,都是很好的例子(同上书:107)。埃文思-普里查德的这一提醒同样适用人类学著作的读者。读者翻开一本民族志,或因对此民族和地区感兴趣,或因它是专业课的必修,但能够超越特殊的描述而领会到书中分析的人类社会的普遍性,不失为一种悦读。

作者生平、两位挚友和爱尔兰田野

我们前面说了阿伦斯伯格与米德在抽象分析方法上的不同;而他们之间更大的不同是前者的名字对于我国读者要陌生得多。然而喜欢翻阅著作序言的细心人,却会觉得好像在哪里见过。我国社会学人类学家林耀华先生1937年至1940年在哈佛大学攻读人类学博士期间,用英文撰写了《金翼:中国家族制度的社会学研究》(1944)。他在首版前言的致谢段落,提到在写作过程中深深得益于阿伦斯伯格给予的宝贵评论和建议。再者,美国社会学家威廉·富特·怀特(Whyte)的《街角社会:一个意大利贫民区的社会结构》(1943)是公认的学科经典之作,为国内不少读者所熟悉。他在书中序言部分诚挚地"感激社会人类学学者康拉德·阿伦斯伯格,……在研究过程中,每前进一步也都得益于他的忠告和评论"。借《爱尔兰乡下人》中译本出版在即,让我们认识一下这位隐匿在感激之词后面的人类学家。同他一起被请到前台的,还有他在这项爱尔兰田野里的社会人类学研究中不可或缺的研究伙伴索伦·金博尔,以及他俩共同的导师威廉·劳埃德·沃纳(Willaim Lloyd Warner,1989—1970)。

阿伦斯伯格1910年生于美国宾夕法尼亚州的匹兹堡,父亲是当地有名的律师。他是长子,下面有三个弟弟。幼年的阿伦斯伯格长相平平,话很少,喜欢看书。他先是在街区里的一所公立小学就读,在校园里见识了不同意见怎样全凭拳头一决高下;后来转入一所效仿英式教育的私立学校,体会了堂而皇之的等级体制。这次转学的经历直到成年他仍记忆犹新。

阿伦斯伯格在中学迷上了历史,同时他的语言天赋也崭露头角:他不仅英语、法语、拉丁语的成绩优秀,而且在学校从未授课、家里没人说德语的情形下,掌握了德语。后来他一生中能流利地运用十多种语言。初到爱尔兰做田野时,他还抽空去了周边的法国提高口语,去摩洛哥学习阿拉伯语。有意思的是,他自幼讲英语带有口吃,然而说起任何一门外语他却从不结巴。

1927年,阿伦斯伯格被哈佛大学录取。在处处激发灵感的校园里,他久旱逢甘霖般地汲取各种门类的知识。但在大学三年级选择专业时,他的主意却乱成一团。在写给母亲的信中,阿伦斯伯格诉说了站在喜欢的历史、人类学和文学写作这个志向三岔路口前他的不知所措。经过与考古人类学托泽教授(Tozzer)的商谈,加上之前连续参加夏季欧洲游学的经历,他最终选定了人类学。在过来人眼里,这不愧是个一石三鸟的妙招:历史和写作不仅都要在人类学中用到,甚至必不可少。1931年,阿伦斯伯格以"最佳优异成绩"获得学士学位。据说当年的文理学院院长批准他最后一年的各门科目免考,因为"对于康拉德,完全没有必要"(Comitas 1999)。

还在大四的时候,阿伦斯伯格参与了当时在系里做助教的沃纳主持的新英格兰社区调研。留在哈佛读研究生的第一年,他继续为该项目工作。他的人类学生涯从此受到沃纳更多的影响和启发,两人也结下了深厚的友谊。在《爱尔兰乡下人》首发时,阿伦斯伯格将本书敬献于他。所以有关沃纳,在这里要多说几句。

沃纳在加州大学伯克利分校读书时,受洛伊(Lowie)的鼓励进入人类学专业,后又师从克罗伯(Kroeber),迷上了结构功能主义的理论和方法。1926年毕业后他前往澳大利亚,在当时这一理论的代表人物、正在悉尼大学任教的拉德克利夫-布朗指导下,在北方做了为时三年的田野工作,深入了解土著墨金人(Murngin)以亲属关系为中心的地方组织和社会结构特点,形成后来题为《黑人文明:关于一个澳大利亚部族的社会研究》(1937)一书。1929年沃纳来到哈佛大学,成为人类学系和商业管理学院的两栖博士生,并授课和主持研究项目,积极引进和应用结构功能学说的方法。1935年他受聘为社会学系教授前往芝加哥大学就任。至于英国人类学家亚当·库珀(Kuper)称沃纳是拉德克利夫-布朗在芝加哥最为才华横溢的学生之一(1996:71),可能只说对了后半句。

在哈佛大学期间,沃纳一改人类学向来把原始初民社会作为研究对象的做法,成为紧随社会学家林德夫妇(Lynd)的"中镇"研究之后,把社会人类学的方法应用于研究美国城镇社区的先驱之一。他主持的"洋基城"调研系列(1930—1935),前后有包括阿伦斯伯格和金博尔在内的30名研究人员在麻省的纽伯里波特镇(Newburryport)进行参与观察、跟踪访问和问卷调查;项目调研时间总长近十年。沃纳自己搬到小镇上去住,还跟在当地结识的一位姑娘结婚成家。这项田野对新英格兰城镇社区的种族关系、阶层结构、象征行为以及存在问题等诸多方面进行了综合探讨。1941—1959年间,调研团队陆续出版了五卷项目报告构成的系列丛书,引起了不小的社会反响。沃纳还提出了沿用至今的将美国社会划分为上、中、下三个阶层,每个阶层内部又分上下的区别方法。

转至芝加哥大学工作后(1935—1959),沃纳继续在芝加哥黑人社区、美国南方农区和中西部城镇,对美国社区的种族、宗教和阶层问题进行研究和发表著述。可惜的是,他的论点在当时美国学术界和社会上遭到冷遇和指责。但在本书中,阿伦斯伯格力挺他的导师,反问为什么在美国可以谈印度的种姓制度,却不能提美国的阶级现象(第三讲)。1959年起沃纳开始在密歇根州立大学从事专职研究,课题转向商业巨头和公司组织对美国社会的影响。最近十几年,随着沃纳研究的社区问题和后期资本主义制度现象得到关注,人们开始重温他的论述(Baba 2009;Easton 2001),这自然已成后话。

人类学学者选择在哪个地方做田野,一般会出于多种主观和客观原因。而阿伦斯伯格前往爱尔兰,却有点像服从组织上的安排。1931—1936年期间,哈佛大学人类学系得到洛克菲勒基金会的支持,对爱尔兰全国进行一次有关"种族和文化起源和发展"的综合考察,后人称"哈佛-爱尔兰考察"。选择爱尔兰是因其处于从农业社会开始向工业化过渡的阶段,面积和人口规模适合项目实施,加之它是当时几乎五分之一美国人口的祖辈移居新大陆前的老家,并且哈佛大学坐落的波士顿和"洋基城"项目所在的小镇以及整个新英格兰地区,都居住着为数众多的爱尔兰后裔。因此这一考察也得到来自爱尔兰政府、哈佛大学和许多美国个人的资金捐助。

此项考察的内容反映出当时典型的人类学四大分支构成:考古学,体质人类学,社会人类学(兼顾社会语言学)。胡顿教授(Hooton)统筹并带队进行前两项的研究,后一项由沃纳负责。考古方面涉及考察各个历史时期的文物;体质人类学的测量数据采集于境内的不同地理位置;社会人类学的田野地点选择一个具有代表性的乡郡。胡顿的观点是,农村地区比城镇受外来文化的影响要小(Byrne, et al. 2015:15 – 21)。沃纳 1931 年来到爱尔兰打前站,用了一个夏天在当地有关部门协调和专家帮助下跑遍全国 26 个郡,最后确定西海岸的克莱尔郡为田野地点,因为这里既保留了古老传统也有现代文化的影响,当地人既讲英语也说盖尔语(Warner1939:viii)。截至 1936 年,三个子项目团队陆续完成了报告并发表,均成为爱尔兰相应分支学科的重要基线调查。由于整个考察期间正值西方经济大萧条以及接踵而至的第二次世界大战,人员和资金方面受到了局限,最终整个团队没能汇总完成原设的了解"种族起源和发展"的目标。但是可以确定的是,社会人类学一组人考察得出的观察和结论,在之后的半个多世纪乃至今日一直被有关爱尔兰(和英国)社区研究的学者们所引用,并在其基础上或深入或转向,讨论不断。

就这样,1932 年初夏,阿伦斯伯格和沃纳一起出发抵达都柏林,然后前往克莱尔,开始了对这里农村"旧时习俗"的社会人类学研究。他们用了个把月拜访有关部门和院校,建立起必要的人脉关系后,沃纳返回美国,阿伦斯伯格独自开始了田野工作,这便有了本书开篇时那个"揣个笔记本四处转悠和当地人聊天"并让他们迷惑不解的场景。他还查阅了大量有关爱尔兰的历史、人口、政治、经济、文学和民俗的文字资料,形成后来在书中(第一讲)称为"四个爱尔兰"的文化背景框架。

第二年沃纳给他送来一个在洋基城项目上就认识的哈佛研究生一起做田野,这便是金博尔。他俩都有在那儿与爱尔兰裔居民打交道的经验,都兼备语言特长。早在波士顿一项对意大利裔居民的访谈中，沃纳就发现金博尔具有很快改用对方熟悉的方言与他们交流的才能（Burns 1983:148）。相比原本考虑的一个"大嗓门，唯我中心"的候选者，沃纳觉得金博尔更能入乡随俗。果然一次在郡府恩尼斯，金博尔兴高采烈地和当地人聊天、唱歌、喝酒、讲故事热闹了一晚后，雨中摸黑回到他住宿的客栈。恍惚中他看到一个影子在店前闪动，然后穿门而入。大吃一惊的他赶紧跟了进去，冲到吧台边喘着气问大伙儿是不是也看到了那个影子。在座的人面面相觑，鸦雀无声。到了第二天，金博尔一下子得到所有当地人的接纳，成了他们中间的"自己人"，因为他居然能够看到民间流传的"褐衫保安幽灵习德"（Arensberg 1983:9）！

接下来的一年里，这两个二十岁出头的年轻人一起做田野。阿伦斯伯格侧重乡下，金博尔侧重镇上，但他们经常一起去赶集，参加礼拜，旁听诉讼；一起在不同的村子里出席当地老年人的"串门会"，听他们谈农务季节和地方政治，和各乡小伙子们聚会娱乐，看他们怎么找女朋友，怎么相亲，怎么成家立业；一起观察农庄和店铺家庭如何做活路谋生，举办生老病死和婚嫁仪式。阿伦斯伯格后来回忆，早在纽伯里波特镇调研时，沃纳给他俩各自派完活儿回头又补充了一句，"还有，你们两个，发现了什么一定要互相通气"。他们还真的照办了，并将如此照办延续到了克莱尔乡间。80年后的2013年，阿伦斯伯格的孙女把一捆载有当年196个访谈记录的五本厚厚的笔记本赠予爱尔兰国立大学追访"哈佛-爱尔兰考察"的安妮·伯恩女士，其中就包括金博尔写的115页的田野观察日志（Byrne & O'Mahony 2013:9）。大概由于他们两人在信息交流上的开诚布公，才能透彻了解各自偏重的农庄家庭和店铺家庭之间，如何借助联姻的亲属关系和借助农产品贸易的经济关系而紧密相连，并弄清不是乡下人冲走镇上人而是成为镇上人的真相。

阿伦斯伯格在这样的合作田野一年后先回到哈佛，完成了他的论文。金博尔则在又一年后才完成了他的田野。为了体验爱尔兰移民跨越大西洋奔赴新大陆的感受，他从西岸的戈尔韦港登船，漂洋过海回到波士顿。阿伦斯伯格对他的伙伴全程"浸泡式"参与体会当地人生活的做法很是佩服，赶往码头去迎接："但差点没认出我的同事和朋友。我面前的已经不是那个堪萨斯小伙儿,而是一个全新的爱尔兰男人!留着密实的小胡子,穿一件久经风雨的粗呢大衣,说一口跟盖尔语同样浓重的土话"(Arensberg 1983:8)。

阿伦斯伯格1934年获得博士学位后继续在哈佛做研究;金博尔1936年获得博士学位后开始在政府部门工作。他们相互访问,并在接下来的30年里,就共同完成爱尔兰家庭与社区的民族志和合作进行欧美社区的人类学研究及撰文出书,保持着密切的联系,成为相互敬佩和信任的终生挚友,令他们的同事们学生们很是羡慕。的确,绝大部分在异国他乡为博士论文做田野的人类学学子,或因学位规定要求,或因保护学术见解原创的隐私,不光要独自生活,还要硬撑着一个人冥思苦想,甚至有意回避与同行交流,付出了长期孤寂的代价(那时没有比《长跑者的孤独》更恰当的比喻;好在我有其他专业的同跑者不时提醒"隧道尽头有亮光")。而今看到早在1930年代已有人类学学子在遥远的田野里成功愉快地合作观察日常生活,相互交流所见所闻,一起探讨,不必孤独,令人由衷钦佩这些走在我们前头的社会人类学的大师。

在哈佛大学做青年研究员的四年间,阿伦斯伯格遇见了林耀华和怀特,也应邀在波士顿的洛厄尔学院以公开系列讲座的形式介绍了他和金博尔对爱尔兰乡村社会的人类学研究。这是一所以慈善基金开办的学院,为波士顿普通市民(不分性别、种族和经济条件)免费提供夜校课程,有时还请来哈佛教师把白天校园里上过的课在这儿重讲一遍。阿伦斯伯格的讲座文稿于翌年出版,即《爱尔兰乡下人》。它一经问世便很畅销,深受学界和普通读者的欢迎。因捕捉美国经济大萧条中流动农工艰辛生活的镜头而闻名遐迩的女摄影家兰格(Lange),在本书出版近二十年后读到它仍激动不已,请求《生活》杂志主编派她去爱尔兰专访。次年三月,《生活》刊登了她和儿子丹尼尔从克莱尔郡带回的黑白照片和纪录散文(1955),生动再现了书中的场景和角色。

阿伦斯伯格之后的工作履历简单明了。1938年起他执教于麻省理工学院社会科学与经济系;1941年前往纽约的布鲁克林学院任社会学人类学系主任;不久后的"二战"期间(和大部分美国人类学学者一样)在军队服役;战后1946年回到纽约任教于巴纳德学院兼任社会学系主任;1953—1980年担任哥伦比亚大学人类学系教授并任三年系主任;荣休后受聘于哥大师范学院,担任"应用人类学联合课程"教授。1980年阿伦斯伯格当选美国人类学学会主席。1991年,工作人类学学会设立"康拉德·阿伦斯伯格奖"并将首奖颁发于他。1997年阿伦斯伯格在新泽西州蒙墨斯郡因病去世,享年86岁。

如果有人类学学者把从田野里学来的东西知行合一地贯彻于个人生活和工作,阿伦斯伯格和金博尔他们两个可谓做到了。爱尔兰乡间小农们相互"搭伙"合力抢收牧草的习俗,似乎在他俩的学术风格上留下了鲜明的烙印。1940年和1968年,他们前后合作完成了《爱尔兰的家庭与社区》第一版和增添了六章的第二版。1965年他们合著《文化与社区》,把两人之前十几年间发表的欧美现代社会的社区研究发现及方法汇集成册,进行理论上的总结。此外,他们还频繁地与其他同事合著出书。

阿伦斯伯格研究兴趣广泛,不拘一格,爱好打破专业藩篱与他人合作。在哈佛大学时他与查普尔(Chapple)一起研究"互动理论"和非言语行为,发表了《丈量人文关系》(1940);在哥伦比亚大学时与政治经济史学家波兰尼(Polanyi)一起分析古代帝国经济,合编了《早期帝国的贸易市场》(1957);在应用人类学方面与尼霍夫(Niehoff)合著《社会变迁入门:美国海外工作人员手册》(1964),讲解向异文化欠发达社区引进新技术时需要关注的当地习俗,等等。他对来自学生的需要(论文选题、参考文献、学位答辩)始终有求必应,以至朋友们抱怨"康尼"在推出他个人方面不够卖劲(Halpern 1997)。

金博尔在应用人类学的方法为美国农业部等政府部门工作十年后,回到大学校园。他的精力过人和富于感染力的乐观态度,在课堂上获得学生们的喜爱。他从自己在异乡田野中变化巨大的亲身经历,体会到这种震撼性的过渡对于人的学习认知所释放出的重大影响。1953—1966年他在哥伦比亚大学师范学院转向从事教育人类学期间,组织翻译了《过渡礼仪》(1960),把范热内普第一次介绍给英语读者并为其写了引言(Burns 1983:149)。他还与沃森(Watson)合编《跨越文化边界》(1972),反思人类学学者在田野里经历的自身转变过程。金博尔像是与阿伦斯伯格约好了似的,经常与共享学术兴趣的同事们一起研究和发表成果。他有九本主要的学术论著都是与他人合写而成;这在美国人类学界几乎绝无仅有(Moore 1984:389)。

结构功能学因强调现状的稳定性与和谐性（例如爱尔兰农庄的家庭换代，即使有变化也是按部就班的、有序的、需要[长期]耐心等待的），而被指责为保守。而金博尔则不仅将此特点用于学术观察分析，也实践于他在佛罗里达大学人类学系(1966—1980)的风气树立，提倡建设一支成员之间"包容、协作、和睦"的"生产团队"（同上书）。另一边，阿伦斯伯格在哥伦比亚大学人类学系工作的27年间，身处多名性格鲜明的同事之中（例如米德、哈里斯、弗里德、墨菲等），并面对1960—1970年代美国风起云涌的社会风潮，他始终谈吐温和，注重沟通、协调和保护却又不失原则(Comitas 1999:812)。当年在他做田野的洛克村（第四讲）有位大伙昵称为"圣人"的老爹，一个典型的爱尔兰人，"他对别人没有丝毫的坏心眼，总是乐呵呵的"，"他和朋友罗奇是两个有主见的庄稼汉，什么样的麻烦都遇到过。如果你在农活儿上碰到没有把握的事，只管去找他们讨教，他们会给出顶好的建议"。这么说来，我们面前的这两位社会人类学家是在做"圣人"吗？

阿伦斯伯格和金博尔皆认为人类学的方法和理论应当也能够为解决社会问题出一臂之力。1940年他们和其他几位人类学家组织成立了应用人类学学会，各自都曾当选会长。阿伦斯伯格于1991年获得该学会的马林诺夫斯基荣誉奖。金博尔却因于1982年10月过早病逝错失了学会已经准备在1983年授予他的此项殊荣。

20世纪30年代初，沃纳把拉德克利夫-布朗发展和倡导的社会人类学结构功能主义学说引入哈佛大学，深刻影响了阿伦斯伯格、金博尔和同期的一代学子。这与当时哥伦比亚大学人类学家博厄斯(Boaz)对种族和文化的强调，以及之后本尼迪克特(Benedict)和米德对文化心理和个人的关注，形成鲜明的对照(Halpern 1997:25)。在今天看来，这些学术论点像巨石阵一般，历经岁月依然对面挺立，给后者以启迪。虽然结构功能的提法远不及当年那么抢眼，但只要人们认同语境的意义和必要，仍然继续把社会生活的某一部分看作是与其他部分构成某一整体而对其加以理解和诠释，那么结构功能观点的火花就还在闪烁。

《爱尔兰乡下人》已经问世80多年了，书中的爱尔兰也发生了翻天覆地的变化。但在爱尔兰生活过的人或与爱尔兰朋友有深交的人就会发现，书中那些人类共通的东西依然存在。有乡土情怀的读者就会在书中感受到一种文化上的似曾相识。那些爽快的句子,"两代人之间不可能有平等","鲜活的传统习俗也会让人开心愉悦,甚至能比放纵不羁的叛逆行为带来更多的快感",等等,想想还真有道理。当然,还有第一讲里令人回味的这一句:每一个人民创造他们各自的适应方式。今天,正是这些不同的适应方式吸引我们去做比较,而不是比较不同的历史进程。

致谢

翻译本书的决定几乎瞬间完成;因曾受益,悦然分享。但翻译的过程缓慢,甚至几度完全放下了。幸亏那些零星听到本书内容即刻表示兴趣的朋友们,他/她们的好奇和信任鼓励我坚持了下来。特别真心感谢 Liz Donnelly 女士,她是 1987 年我在波士顿读研究生时就结识的美国好朋友,几年前和丈夫 Joe Sheehan 移居到了爱尔兰南方。我把遇到的难点列单发给她,她根据原著对号一一作答回复,并请了当地社会学者朋友 Muiris Sheehy 做进一步详解。2019 年初夏我前往爱尔兰寻访作者故迹,他们夫妇长途驱车带我去了克莱尔郡府恩尼斯的图书馆和博物馆查阅资料,体验保留下来的传统农庄,并热情介绍当地居民与我交流,核实地点和实物的准确翻译。路上我们拜访了(第四讲)阿伦斯伯格去了解"老头屋"经过的基利纳波伊古老居民点邮站和教堂墓地,在金博尔幻遇幽灵的旅店住宿过夜,收获满满。另外,爱尔兰国立大学社会学系的高级讲师安妮·伯恩(Anne Byrne)女士和在梅努斯大学研究古爱尔兰语的邱方哲老师,都在我无从确认的问题上给予了简捷透彻的指点。当然,如果没有北京大学高丙中教授对我的信赖和本书编辑李霞老师的肯定,就不会有此书的出版。最后,感激我的父母;母亲引导我享受阅读中的自学,父亲嘱咐我能上口的译文才算通顺。他们几十年从事文字工作的严谨态度感染了本书翻译的全过程。

乐 梅

2019 年 7 月初稿,2021 年 11 月定稿于北京

参考文献

Anderson, Sherwood. 1960(1919). *Winesburg, Ohio*. Viking.

Arensberg, Conrad M.

    1968 (1937). *The Irish Countryman: An Anthropological Study*. Waveland Press.

    1983. "Sol Kimball: Anthropologist of Our America", *Florida Journal of Anthropology*, Special Issue: A Tribute to Solon T. Kimball (1909–1982), 9(1):7–11.

Arensberg, Conrad M., and Solon T. Kimball.

    1940. *Family and Community in Ireland*, Harvard University. Press; and 1968 (2nd ed.), Harvard U. P.

    1965. *Culture and Community*. Harcourt, Brace and World.

Baba, Marietta L. 2009. "W. Lloyd Warner and the Anthropology of Institutions: an Approach to the Study of Work in Late Capitalism", *Anthropology of Work Review*, Fall, Vol. XXX, No. 2, pp. 29–49.

Burns, Allan. 1983. "Obituary: Solon T. Kimball, 1908[sic]–1982", *Anthropology and Education Quarterly*, 14(2): 148–157.

Byrne, Anne, and Deirdre O'Mahony. 2013. "Revisiting and Reframing the Anthropological Archive: the Harvard-Irish Survey (1930–1936)", *Irish Journal of Anthropology*, 16(1): 8–15.

Byrne, Anne, Ricca Edmondson, and Eony Varley. 2015. "Arensberg and Kimball and Anthropological Research in Ireland: Introduction to the 3rd Edition" (2001), *Family and Community in Ireland*, Conrad Arensberg and Solon Kimball, CLASP, pps. 1–101. ResearchGate Article May 2015 DOI: 10.7227/IJS.23.1.3.

Comitas, Lambros. 1999. "Conrad Maynadier Arensberg (1910–1997)", *American Anthropologist*, Dec. 101(4): 810–817.

Du Bois, Cora. 1941. "Book Review: *Family and Community in Ireland*". *American Anthropologist*, N. S. 43: 460–461.

Easton, John. 2001. "Consuming Interests". *University of Chicago Magazine*. 93(6).

Embree, John F. 1939. *Suye Mura: A Japanese Village*. University of Chicago Press.

Evans-Pritchard, Edward. E. 2006(1950). *Social Anthropology*. Routledge. (参见中译版《论社会人类学》)

Firth, Raymond. 1963. *Elements of Social Organization*. Beacon.

Fortes, Meyer. 1978. "An Anthropologist's Apprenticeship", *Annual Review of Anthropology*, No. 7:1–30.

Frankenberg, Ronald. 1966. *Communities in Britain*. Pelican.

Geertz, Clifford. 1973. *The Interpretation of Cultures*. Basic Books. (参见中译版)

Halpern, Joel. 1997. "Conrad Maynadier Arensberg (1910 - 1997)", *AnthroWatch*, Fall, Vol. V, No. II, 25 - 26.

Kimball, Solon T., 1960. "Introduction", *The Rites of Passage*. University of Chicago Press, pp. v - xix.

Kimball, Solon T. and James B. Watson. 1972. *Crossing Cultural Boundaries*. Chandler.

Kuper, Adam. 1996(1973). *Anthropology and Anthropologists: the Modern British School*. Routledge.

Lange, Dorothea, and Daniel Dixon. 1955. "Irish Country People", *Life Magazine*, March 21.

Mair, Lucy. 1985(1965). *An Introduction to Social Anthropology*, Clarendon.

Malinowski, Bronislaw. 1961(1922). *Argonauts of the Western Pacific*, E. P. Dutton.

Miner, Horace. 1939. *St. Denis: A French-Canadian Parish*. University of Chicago Press.

Moore, Alexander. 1984. "Solon Toothaker Kimball (1909 - 1982)", *American Anthropologist*, Vol. 86, pps. 386 - 393.

Radcliffe-Brown, Alfred R. 1965(1952). *Structure and Function in Primitive Society*, Free Press. (参见中译版)

Thomas, Robert McG., Jr. 1997. "Conrad Arensberg, 86, Dies; Hands-On Anthropologist", *New York Times*, Feb 16.

Trimel, Suzanne. 1997. "Famed Anthropologist Arensberg, 86", *Record of Columbia University*, Vol. 22, No. 15, Feb 21.

Warner, W. Lloyd.
  1939. "Preface", *Family and Community in Ireland*. 2nd Ed. (1968). Harvard University Press.
  1958(1937), revised edition. *A Black Civilization: A Social Study of an Australian Tribe*. Harper & Row.

埃文思-普里查德,爱德华著,冷凤彩译,梁永佳审校,2010(1950),《论社会人类学》,世界图书出版社。

弗思,雷蒙德著,费孝通译,1991(1944),《人文类型》,商务印书馆。

格尔茨,克利福德,韩莉译,2014(1973),《文化的解释》,译林出版社。

怀特,威廉·富特著,黄育馥译,1995(1943),《街角社会:一个意大利贫民区的社会结构》,商务印书馆。

拉德克利夫-布朗,A.R.著,潘蛟、王贤海、刘文远、知寒译,潘蛟校,1999(1979),《原始社会的结构与功能》,中央民族大学出版社。

林耀华著,庄孔韶、林宗成译,1999(1944),《金翼:中国家族制度的社会学研究》,三联书店。

米德,玛格丽特著,周晓红、李姚军译,1988,《萨摩亚人的成年》,浙江人民出版社。

泰纳著,杨烈译,伍蠡甫校,1979,《西方文论选》(下卷),上海译文出版社。

1968年版作者介绍

康拉德·M. 阿伦斯伯格,美国哈佛大学人类学学士和博士,曾任教于美国麻省理工学院、布鲁克林学院、巴纳德学院,现为哥伦比亚大学人类学教授。

阿伦斯伯格博士是卓越的知名学者,发表过大量文章和若干书著,其中包括与阿瑟·H. 尼霍夫(Arthur H. Niehoff)合写的《社会变迁入门》,以及与S. T. 金博尔(S. T. Kimball)合著的《文化与社区》和《爱尔兰的家庭与社区》。

作者将此书献予

芝加哥的威廉·劳埃德·沃纳(William Lloyd Warner)和都柏林的帕特里克·约瑟夫·梅格恩(Patrick Joseph Meghen),可敬的同伴、哲人与挚友,诠释了他们各自的国家和同胞。

目　录

序言（1968 年）……………………………………… 1
序言（1936 年）……………………………………… 5
第一讲　解释习俗…………………………………… 7
第二讲　乡下人做活路……………………………… 29
第三讲　家庭与土地………………………………… 50
第四讲　男孩与男人………………………………… 71
第五讲　店铺、酒馆、集市………………………… 93
第六讲　众仙子……………………………………… 113
索引…………………………………………………… 134

序言（1968年）

借此小书再次发行的机会，我很高兴应邀回顾发生在三十年前但依然记忆犹新的那段时光和那个地方。这本书现在显得单薄了，因为已经涌现出太多研究复杂文明和古老传统国家的人类学论著，对其东道国的阐述也比该书更全面、更详尽。自本书出版以来，对爱尔兰文化更加充分的多项研究已经或即将问世。作者本人也在此期间数十年的教学、关注和推动社会科学发展的紧张工作中，变得比当年更壮实了。但是，爱尔兰的乡村和传统依然与我们同在，更深入人心、更丰富多彩，尽管今天也更加现代化了。愿上帝保佑他们永远如此，"爱尔兰万岁"。三十年前帮助那个年轻人了解他们的国家、了解他们如何生活的那一代爱尔兰乡下人和镇上人，如今和作者一样正在变老或者已经离去。但是他们的善良、他们的风趣、他们的智慧，将永驻记忆，岁岁长青。或许正是因为该书捕捉到了他们的优良品质，所以它仍然拥有读者。听说人们今天还在找这本书来读，看它怎样对以生活方式呈现的文化进行分析，了解书中那些对爱尔兰或对或错的诠释。这真让我非常开心。

该书在1937年那批共同开拓学科疆界同仁们的著作中，不是最起眼的。当时在美国，林德夫妇出版了《米德尔敦》一书，[1]劳埃德·沃纳和他的合作者们早已开展了后来构成《扬基城》系列丛书的田野调查，并且他们在美国"南方深处"和中西部"琼斯维尔城"的两项社区调研也在进行之中；[2]

---

[1] Robert S. Lynd and Helen Merrell Lynd, *Middletown：A Study in Modern American Culture*, Harcourt Brace Jovanovich, Inc., 1929. 参见中译本《米德尔敦：当代美国文化研究》，商务印书馆, 1999. 米德尔敦也被称作"中镇"。[本书注释除特别标明外，均为中译者注。]

[2] 这里提及的三项美国社区人类学研究是 *The Social Life of a Modern Community*, W. Lloyd Warner and Paul S. Lunt, Praeger Publishers Inc., 1941; *Deep South：A Social Anthropological Study of Caste and Class*, Allison Davis, Burleigh B. Gardner, and Mary R. Gardner, Chicago: University of Chicago Press, 1941; *Democracy in Jonesville：a Study in Quality and Inequality*, W. Lloyd Warner, et al., Harper & Row Publishers, Inc., 1949. 阿伦斯伯格前往爱尔兰之前，参与了扬基城项目的社区调研。

罗伯特·雷德菲尔德与霍勒斯·迈纳分别在墨西哥和加拿大完成了他们各自的人类学社区研究。①然而,该书以及我与索伦·金博尔(Solon Kimball)随后合著的《爱尔兰的家庭与社区》却是如今广泛开展的跨大西洋对欧洲故土和高度文明社会的文化人类学研究的第一例。新近,曼彻斯特大学的罗纳德·弗兰肯伯格发表了一部学术综述,概括介绍了紧接我们的研究之后仅在不列颠群岛一处就完成了的十项社会人类学研究。②现在,社区研究关注农村和都市,关注传统和现代生活方式中的风俗习惯和社会行为,已经成为社会科学的信息和发现的首要来源之一。几乎每一大洲、每个现代和发展中国家的现代社会人类学和社会学,都在从中汲取经验。

弗兰肯伯格的《不列颠的社区:城镇与乡村的社会生活》(*Communities in Britain: Social Life in Town and Country*, London, Penguin Books, 1966)一书,以我们在克莱尔郡的研究开篇,接着很快转入向读者介绍一系列在不列颠群岛五国③的集镇、乡村和城市对当代生活的现代研究,以及它们所揭示的脉络清晰且内容详实的社会学现象、洞察和新概念。同样,金博尔和我最近也通过出版《文化与社区》(*Culture and Community*, Harcourt, Brace & World, 1965)一书,尝试在更广泛的层面上总结社会科学在各地进行社区研究的经验,包括在欧洲、亚洲、美洲、非洲(的确,在全世界),从而展现这些实践对现代社会学和人类学的丰硕贡献,以及对认识二十世纪人类生活方式和文化变迁潮流的启迪。当年那支小小的拓荒队尝试使用人类学的方法分析现代民族的习俗、传统和现实的努力——你们下面将要读到的《爱尔兰乡下人》为其中之一——已经结出果实累累。

对爱尔兰风俗的新的研究也出现了,遗憾的是数量还不够多。当然,其

---

① 罗伯特·雷德菲尔德(Robert Redfield,1897 - 1958),美国人类学家,早期以研究墨西哥农民社区著名,于1930年代出版了多部有关著作,包括 *Tepoztlan, a Mexican Village: a Study of Folk Life*, University of Chicago Press, 1930。霍勒斯·M.迈纳(Horace M. Miner, 1912 - 1993),美国人类学家。他于1936—1937年在加拿大魁北克省做田野调查,出版了 *St. Denis: a French-Canadian Parish*, University of Chicago Press, 1939。

② 罗纳德·弗兰肯伯格(Ronald Frankenberg, 1929 - 2015),英国人类学家,曼彻斯特学派主要人物,将人类学方法用于英国社会研究的第一人。

③ 不列颠群岛(the British Isles)五国指的是英格兰、苏格兰、威尔士、北爱尔兰和爱尔兰。

中一些是历史和文学作品,但也有几部是社会学和人类学方面的。就前一类来说,弗兰克·奥康纳和肖恩·奥法莱恩应该成为你们的爱尔兰文学指南,①卓越的埃斯廷·埃文斯的《爱尔兰遗产》一书则可引导你们了解爱尔兰的历史。②第二类作品刚刚崭露头角。亚历山大·汉弗莱斯神父的大师之作《新都柏林人》跟随我们书里的乡下人进入了城市,成为新的一代。③来自法国的罗伯特·克雷斯威尔和来自美国肯塔基州的阿特·加拉赫,分别在戈尔韦郡和克莱尔郡的小农庄主中间进行社区调研,核实我和金博尔之前的工作(科学家们称此做法为"复制实验"),④两位的研究也很快就要面世了。他们的著作和其他评论当代爱尔兰的期刊文章一道,将谈及继《爱尔兰乡下人》报道的社会现象之后所出现的许多新状况。尤其引人注目的是,自从我的报道之后,爱尔兰的工业化突飞猛进,移居海外的节奏也终于松缓下来,更多的年轻人得以留在国内。虽然晚婚似乎仍很盛行,⑤但据说现在许多乡下姑娘根本不愿嫁入农家,尽管本书重点关注的小农庄农业仍然欣欣向荣,甚至在一些方面已经实现了现代化。不过话说回来,爱尔兰还是爱尔兰,大可不必担心。

新的分析和新的书籍,以民族志的形式细节刻画(*minutiae*)了各种现存的社会和经济的巨大力量,其产生的心理压力、应对措施和有关趋势,为我们发现和诠释了更加丰富的爱尔兰生活和社会。这门学科在这些方面取得了长足的进步,现在有更多的人提笔撰写这里的人民和这个国家。同时,人们对他们为人类共同文明所做出的杰出贡献的认可,也在日臻成熟。与

---

① 弗兰克·奥康纳(Frank O'Connor,1903-1966),爱尔兰作家、诗人和剧作家,尤以写作短篇小说著称。肖恩·奥法莱恩(Sean O'Faolain,1900-1991),爱尔兰作家,擅长以现实主义手法描绘爱尔兰中下阶层的生活。

② 埃斯廷·埃文斯(Estyn Evans,1905-1989),爱尔兰地理学家、考古学家。该书原名为 *Irish Heritage:the Landscape,the People and their Work*,1942。

③ 亚历山大·汉弗莱斯神父(Father Alexander J. Humphreys),美国社会学者。他根据1949-1951年在都柏林对29户人家进行的详尽采访,著成此书。

④ 罗伯特·克雷斯威尔(Robert Creswell,?-2010),文化人类学学者,1950年代中期在戈尔韦郡就当地人们日常生活进行了田野调查。阿特·加拉赫(Art Gallaher,1925-),美国应用人类学学者,早期研究美国和爱尔兰处于社会经济边缘状况的农民群体。

⑤ 有一本书涉及此主题,为 *The Vanishing Irish*, ed. John A. O'Brien, McGraw-Hill, 1953。——作者

之相比,我的这本书确实过于单薄了。

  不过,我仍然希望这本书表达了它的初衷,仍能起到介绍爱尔兰生活和乡村习俗的作用,仍能引导读者看到那些错综复杂又密切交织的原因和结果,理解文化体系、劳动活路、家庭生活、不渝忠诚以及将它们相互连接的价值观念。该书对功能主义和以体系视角解释人类社会生活的科学阐述,依然成立。我仍希望该书能一如既往地激起海内外爱尔兰人(the Gaels)浓厚的思乡之情和诚挚的接受认可,并一如既往地唤起访问过这个国家或钟爱其传统的外国人(the Gall,古老的凯尔特语曾把他们如此区分)满怀热情和同情的好奇。这是因为人类学作为一门研究人类的学科,永远不能像冷漠的冶金学那样限于客观。人类学一定要教导我们懂得人性,教会我们体验一种与国内和世界上不同人们之间的感同身受。

康拉德·M.阿伦斯伯格
纽约州,纽约市,哥伦比亚大学
1968 年

序言(1936年)

无论一个人怎样成熟老练,试图去诠释一个民族的百姓,实为冒失之举。如果他着手尝试的并非自己的民族,且个人经历又微不足道时,冒失就成了蛮干。然而,当1936年3月我有幸收到哈佛大学荣休校长洛厄尔博士的邀请,在波士顿的洛厄尔学院做系列讲座时,我情不自禁地鼓起了勇气。[①] 这本书便是在该院的那几场讲座的文字记录。对人类的社会行为和令人着迷的社会问题的浓厚兴趣,激发人类学学者和社会学者去探索;同时,长期的实地田野调查和图书馆资料查阅也回报他们的探索。本书要做的即是与广大公众分享我们的兴趣和发现。由于本人的调研之路让我在爱尔兰的南方扎扎实实地驻留了一段时光,所以实现本书目的的最佳方式就是尽我所能讲好那个国家,那个如此丰厚地回报了我的研究兴趣的地方。

如果该书因此能为日渐丰厚的爱尔兰评论文献有所贡献,那也是我深怀谦卑和感激之心为之。我受到的恩泽可能比我意识到的还要多。当初,我作为一个爱打听别人的事——有时甚至到了纠缠不休的地步——的陌生人,在异国他乡靠着寻求在一般朋友和同胞之间都不多见的友好和尊重来开展田野调查,完全依赖于工作中所遇到的人们的善良好客和悟性理解,而那里的人们从未让我失望过。所以,我首先要感谢爱尔兰人民,各行各业的爱尔兰人,感谢他们接纳了我。他们的人数多如繁星,无法逐一点名道来,甚至那些本该特别单独提及致谢的人,也实在太多了。相比之下,如果有一组爱尔兰人特别令我心存感激的话,那就是我曾经生活在他们中间的克莱尔(Clare)"旗帜"郡[②]的人们。

[①] 阿博特·劳伦斯·洛厄尔(Abbott Lawrence Lowell,1856－1943),美国教育家、法学学者,1909—1933年任哈佛大学校长。根据他曾祖父约翰·洛厄尔的遗嘱洛厄尔学院(the Lowell Institute)创建于1839年,向波士顿市民免费提供公开讲座。

[②] 克莱尔被称为"旗帜"郡(the "Banner" County)据说是出于当地民众的政治热情。在19—20世纪重大的爱尔兰政治选举中,他们踊跃参加,长途跋涉去投票,一路上锦旗横幅攒动。

学术上受到的恩惠是不同性质的另外一笔。科学探索过程中的兄弟情谊是今天所有践行者都身享其中的现实。每个人在很大程度上都仰仗了这番情谊提供的灵感、合作和批评建议。我本人主要依靠的有两位同事,芝加哥大学的劳埃德·沃纳教授和哈佛大学的索伦·金博尔博士。我和他们一起做田野调查,其结果都记录在该书中了。书中有些观察是他们做的,但所有差池和误判的责任全由我负。

哈佛大学的胡顿教授、托泽教授、亨德森教授和埃利奥特·查普尔博士对我的帮助和批评建议,同样不可或缺。[①] 他们以各自的方式促进了此项调研兴趣的一路进展,成就了该书。在爱尔兰,不少提供帮助的人是我对爱尔兰认识和理解的主要来源。爱尔兰国立大学的约恩·麦克尼尔教授和乔治·奥布赖恩教授,都柏林大学学院的亨利·肯尼迪博士和索伊莫斯·奥杜伊利尔加博士,以及恩尼斯(Ennis)镇[②]的丹尼尔·科格伦先生,[③]都通过各自的专业引领我前行。我有幸得益于爱尔兰文职官员帕特里克·梅格恩先生的友谊和鼓励,多扇通往爱尔兰现实生活的大门因之向我迎面敞开。我特此将本书敬献予他和沃纳教授,以绵薄之力表达我对他们促成该书的感激之情。

康拉德·M.阿伦斯伯格
麻省,剑桥,哈佛大学
1936年9月

[①] 欧内斯特·艾伯特·胡顿(Earnest Albert Hooton,1887-1954),美国体质人类学家。1913—1954年在哈佛人类学系任教期间,他将此建为美国体质人类学的研究中心,并以撰写普及该专业的流行读物为大众所知。艾尔弗雷德·马斯顿·托泽(Alfred Marston Tozzer,1877-1954),美国人类学、考古学和语言学家。1974年,哈佛大学皮博迪考古学和民族学博物馆的图书馆以他的姓氏命名。劳伦斯·约瑟夫·亨德森(Lawrence Joseph Henderson,1878-1942),美国生物化学家、社会学家。他将人体生理规律的功能原理应用于研究人的社会行为和社会体系,并将意大利经济学家、社会学家帕累多的理论介绍至美国。埃利奥特·迪斯莫尔·查普尔(Eliot Dismore Chapple,1910-2003),美国人类学家,美国应用人类学协会创始人之一。

[②] 恩尼斯镇是克莱尔郡府,作者在本书中对集镇生活和城乡关系的部分描述,取材于该地。

[③] 作者提到的这几位给予他帮助的爱尔兰人士是爱尔兰语言、历史、经济、政治、亲属关系、民俗和民间传说等方面的专家学者和活动家。

第一讲　解释习俗

　　爱尔兰西部的乡间小镇上，一个陌生人的到来仍不失为一则新闻。即使处于机器为尚的时代，人们好奇的闲情逸致依然犹存。然而，当这个陌生人既没有像一般游客那样急着赶往下个景点，也没有炫耀任何户外跋山涉水的器具装备时，这事儿在当地人的眼里开始显得非同寻常了。平日里，镇上银行新来个职员，或土地局添个公务员①，都在大伙的意料之中；当事人也会很快进入他的角色，与周围环境融为一体。就算某个移居大西洋彼岸的"美国佬"回乡，人们在确定了他的父母是谁，大概会有多少积蓄，并对他的穿戴和举止品头论足一番后，也就弃之脑后了。

　　令人费解的是，这个陌生人明摆着成天只干一件事：揣个笔记本，这儿转转，那儿转转，找人拉家常，扯闲天。随着他自称是个"人类学学者"，围绕他的神秘色彩愈发浓重了。小镇里的"窥窗"——布林斯利·麦克纳马拉以此为题写了一部描写爱尔兰乡间生活的小说②——非但没有很快关上，一连串咬耳根的猜测旋风般地紧随陌生人，穿梭在小镇狭窄的老式街道上。

　　好在光阴流转，怪事得到了认可。时间使神秘的东西变得有规律可循，变得熟悉起来。渐渐地，这个人类学学者终于被当地人所接纳。就连他那令人生畏的头衔，随着人们相互传递其意思，也变得容易理解了。如今的爱尔兰人，通览博学。一阵争相借阅郡图书馆里的人类学书籍之后，大伙对人类学学者是干什么的，胸有成竹：一个"寻找旧时习俗"的家伙。

---

　　① 爱尔兰土地局(the Irish Land Commission)成立于1881年，主要负责爱尔兰农村土地的再分配，对于生产资料微薄的小农和佃农的生存和发展起到重要作用。

　　② 爱尔兰作家布林斯利·麦克纳马拉(Brinsley MacNamara, 1890 – 1963)的小说《窥窗之谷》(*The Valley of Squinting Windows*)(1918)描写了爱尔兰中部一座村子里两代人的爱恨情仇和村民流言蜚语造成的人生诋毁。麦克纳马拉家乡的读者因书中似曾相识的负面人物和场景而群情激奋，焚书抗议，他的父亲最后被迫远走他乡。

放在过去,这样的诠释或许就足够了。可是,今天的人类学远不止探寻古老习俗那么简单。就拿爱尔兰来说吧,虽然传统的凯尔特生活方式依然徘徊延续至今,人类学学者在设计调研目的时,需要考虑更多的方面。我准备利用这第一讲着重讨论这个新目的,以及我们是如何将其应用到在爱尔兰的田野调查之中。余下的五场讲座里,我将会向你们介绍爱尔兰南方和西部乡下的一些习俗和信仰,并结合我们今天在这里讨论的新的目的,对它们进行分析。

一个搞人类学的人声称要谈论现代民族的生活,这乍听起来显得有些自负。所以我们首先要对"自以为是"这件事,给予澄清。在有些人眼里,人类学学者这么做如同工程师或物理学者放弃自己的专业领域,转而弄起了玄学或伦理。而在另外一些人看来,这样做似乎流露出一种对所谈及的民族有失敬意的态度。然而,不务正业和缺乏尊重的两项指控,都不恰当。我们的困惑,如果确实有的话,其实来自对"人类学"这个词的成见。

人们习惯地认为,人类学学者的工作是收集野蛮人和起码也是半开化文明人的各种稀奇古怪的做法。当类似的怪异做法偶尔在文明人中出现时,我们顶多视其为迷信的残存之物①,值得研究它也仅因其珍奇罕见。那么,为什么要做现代爱尔兰的人类学研究呢?无论从哪个角度考量,也很难把爱尔兰人与原始人和野蛮人放到一块。如果接下来,还要把爱尔兰农民的生活方式与残存的原始生活方式联系起来看问题,这显然行不通,我们既不能笼统地宣判他们为野蛮人,也没有理由视其为原始初民。

如此一来,我们对"人类学"这个词的理解一定是出了问题。所以,先让我们把它纠正过来。

要想纠正人们的看法,就要先解释人类学这门学科的发展。在过去三十年间,科学的概念性基础所发生的变化迅速传播,也影响到了人类学学者。与我们所有人一样,人类学学者也经历了一场思想上和道德上的革命。

---

① 著名人类学奠基人、英国人类学家泰勒(Edward B. Tylor)在他的《原始文化》(*Primitive Culture*)(1871)一书中首次使用了 survivals 这一概念,意即"残存之物"、"文化残余"或"遗留",指的是尽管社会不断向前发展,人们仍然没有忘记的观点和行为,即使其最初的意义在逐渐消失。参见中译本《原始文化》(1992)第 115 页、74—166 页。

很久以前，人们对于建立一个单向直线性的人类社会进化模式，已经不抱希望。研究人类的学者们很早就承认，人类的成长绝不是一条简单笔直的路径。打个比方说，最初他们还曾以为原始初民像是落伍的孩子，滞留在人类经验学校较低年级的水平。但这一观点不久就散架了。新的证据表明，事实上有许多不同经验的学校存在。而且显然这些学校之间只能间接地进行比较，因为它们在课程设置上几乎没有多少共同之处可言。每一个人民创造他们各自的适应方式。今天，正是这些不同的适应方式吸引我们去做比较，而不是比较不同的历史进程。

那些曾一度让我们相信人类具有共同习得课程的证据，此时有了新的意义。也就是说，所有的现代社会（包括我们美国社会在内）呈现出多样的历史进程，也均带有人类发展的之前状况。进化论的思维方式让我们称那些之前状况为残存之物，标志着较低级的、已过时的生活方式。如果拿孩子的成长过程做比喻，残存物就是被遗忘了的童年留下的模糊记忆。

但时至今日，连这个比喻也行不通了。心理分析学者发现，童年的记忆到了成年并未忘怀。他们的研究工作摘下了成年人的理性面具，袒露出下面潜意识的非理性。近乎同样的研究进展也出现在人类学界。身处田野调查的人类学学者，很快揭穿了所谓唯有文明人才具有成人心智的自负虚夸。现在，人们翻开从马林诺夫斯基在美拉尼西亚到赫什科维茨夫妇在南美荷属圭亚那所做的现代民族志，阅读其中任何一页上的描述，都会对曾有过的自鸣得意而感到震惊。①其实，所谓野蛮人的行为里既有理性的也有非理性的成分，与我们相差无几，只是混合的具体内容有所差别罢了。有位论述我们现代社会的帕累托先生，在他的著作里撕去了我们自恃优越的最后几缕

----

① 布罗尼斯拉夫·马林诺夫斯基(Bronislaw Malinowski, 1884-1942)，著名英国社会人类学家，功能学派创始人。1915—1918 年期间他生活在(今天的)巴布亚新几内亚的特罗布里恩土著岛民中间，撰写了《西太平洋上的航海者》(Argonauts of the Western Pacific, 1922)，成为人类学民族志的经典范本。梅尔维尔·琼·赫什科维茨(Melville Jean Herskovits, 1895-1963)，著名美国人类学家，与妻子弗朗西丝·夏皮罗·赫什科维茨(Frances Shapiro Herskovits)于 1928—1929 年在南美(今天的)苏里南进行田野调研。他们合写的民族志《反抗命运：荷属圭亚那的丛林黑人》(Rebel Destiny among the Bush Negroes of Dutch Guiana, 1934)描写了挣脱锁链逃入原始丛林定居的被贩非洲黑奴及其后代的群组生活。

幻觉,仅就我们现代人的非逻辑之处,他足足写了四大卷!①

意识到了这一点,人类学学者不得不与大家共享这个时代在道德上的犹豫不决。我们不再像父辈和祖辈那样,对进步信心满满。对于人类势必一路冲向完美境地的看法,对于今天的文明处于这个上升过程最高点的看法,我们也不再那么胸有成竹。相对论的视角甚至影响到我们对什么是文明的评价。

但不管怎么说,这场信念上的震动起码在研究人类的学科领域里产生了正面的效应。它把客观性置于更加宽阔的视野,让我们看到道德价值的绝对性本身也是人们在特定时间和特定空间里的表达。人类学学者必须尽早学会这种包容。如果带着个人的评判偏见进入世界上成百上千的道德环境中去做田野,只会招来成百上千的对立和敌视,到头来除了挨骂恐怕什么也没学到。辱骂别人"习俗粗野,毫无教养"完全无助于我们在知识上的长进。

正是这项寻求新事实的工作,给人类学换上了新面孔。非规范性科学是对观察到的信息之间的关系进行陈述。但在进化论思想指导下重新构建的人类历史,是亲眼观察不到的。而另一方面,原始初民当下生活方式的真实现状,就摆在我们眼前。如果赶紧去找寻,新的事实就在我们手边。

于是,田野工作的价值和名声大幅提升。人们在谈论某种文化特征或风俗时,不再满足追求它在时间和空间上的所经途径,不再满足从一个历史时期追溯到另一个历史时期,从一个部族跟踪到另一个部族。这样的追究虽然确有价值,但除了达到事先声明过的已知目的,即对文化传播和人类交流进行研究,它却不能引领我们走得更远。它甚至不能如期所望地那样成为一部人类创意发明的完整记录,因为文化特征的起源早已失落在过往的渺渺雾霭之中。

文化传播学研究方法的局限性迫使人们将注意力转向新的方向。对某个具体领域做详尽的研究,开始主导人类学学者的兴趣。部族、原始社

---

① 维尔弗雷多·帕累托(Vilfredo Pareto,1848－1923),意大利经济学家、社会学家。对于抽象的经济学数学公式在现实生活中行不通的问题,帕累托认为其原因在于大量不可预见、不可控制的人类非逻辑社会行为。他的《心灵与社会》(*The Mind and Society*,1935)一书以四卷本形式在美国发行。

区和宗族可能会亮出新的事实。并且现在的研究兴趣不必聚焦文化特征或某一习俗,而是更加关注文化的即时承载者——人。这听起来有点自相矛盾,研究人类的学科居然需要进行一番彻底的人性化变革。但是,这一点的确做到了。人类学学者在走过一段很长的路程之后,终于实现了这场变革。

现在关注的新事实是有关人的事实,而不是文化的资料,尽管这听起来并不显得那么革命。虽然人类学学者一直都在记录人类的所作所为,一直都在追求其解,但却从来没有把人的行为本身作为研究原始初民的焦点。而正是这个重心的转移,蕴藏着革命性。

为了说明这一转变的性质,这里举几个简单的例子。过去遇到一个部族,人类学学者会追究:这个部族实行一夫一妻制吗?它是从哪里获得这个习惯?它的一夫一妻制是如何发展而来的?在这之前又经历过哪些阶段呢?而现在要提的问题则是:部族男性在寻求伴侣时都做些什么?想些什么?是什么促使他们这么做?他们的行为对生活中的其他方面造成了什么样的影响?又比如,人类学学者以前会问使用弓弩的初民:你从哪里得到的这把弓?这种形状的弓,你是怎么学会制作的?而现在问的则是:你拿这把弓做什么用?你用这张弓捕获猎物,然后与朋友分享,那么它对你和你的朋友们有着怎样的意义呢?还有,在跳舞的时候,你为什么那么起劲地挥舞这把弓呢?

换句话说,人类学从关注形式和制度的历史,转变为对行为的研究。虽然新问题获得的答案不能带给我们有关人类进化过程的启示,但作为人类行为的信息,它们具有同等重要的价值。

正如你们所见,这个新的好奇点即是人的社会性。人是社会性的动物。研究人的习俗是研究他的社会行为,因为他总是作为家庭、宗族、部族或社区的一名成员而行事。人类学学者很早就清楚地看到,一个人的习俗与他所属群体的生活之间有着亲密的关系;习俗的意义就蕴藏在个人的社会适应之中。

人类学在迈出这一步之后,必须正视自己的新面孔,必须将自身愈加靠向社会科学。

于是，"社会人类学"这个旧词在经历了上述一番意义上的转变后，涵盖了我们刚才介绍的新领域。社会人类学作为研究人的一支学科，正如我们在下面的讲座里要做的，关注的是人的行为，而不是人体结构、面相，或是久远文化的考古遗迹。经过这场变革，它已经非常贴近社会学了。

但社会人类学是通过与正规社会学不同的途径完成了把人的社会性作为研究重点的转变。所以，在步入社会研究领域时，它还带来自身特有的方法和经验。

正因为如此，社会人类学学者认为，他的贡献会有独到之处。我们已经了解到，过去所谓野蛮人和文明人之间的界线，现在已经不是三言两语就能说得清的了。如今典型的现代逻辑思维方式出现在莽林居民身上，根本算不上什么稀奇；而我们每个现代人也会不时表现出典型的"原始"行为的特征。事实上，我们和我们的野蛮人兄弟（或许有人更愿意称他们为隔了三代的远房堂兄表弟）共享许多相同的社会机构——家庭、社团，甚至有着相同的政治组织，例如王族皇室和民主投票（后者是北美洲易洛魁印第安土著人的习惯）。有些人喜欢把这些相同之处认作"初始形式"，不错。但这虽然慰藉了内心的虚荣，却改变不了我们与原始初民相像的事实。

人类学学者感到，他对原始初民社群进行研究所获得的上述经验意义重大。在那里，他面对面地看到了社会的整体，有机会一瞥在单独站立的树木背后的那整座森林。他能看到他所研究的人们的整体，那个超越和超出构成他们文化的局部——社会制度、习俗特点、信仰类别——的整体。也正是由于具备了这样的经验，让他觉得自己有资格去到更大的范围里尝试身手。

人类学学者获得的信心直接来源于该学科对人类行为研究的新侧重，这也是对原始初民人性化认识的一部分。这一新侧重很快发展为对整体的研究。大部分原始社群的人口数量较小。然而作为微型社会体系，它们却展示了大型社会的所有特征。我们称为经济、文学、艺术、哲学、宗教、礼节、教育、法律、习俗、政府的各种社会活动，他们的社会里都有，只不过没有我们使用的名称，活动类别的区分也不那么明显罢了。

对于观察者来说，规模的大小极有价值。规模小能让他客观地看到整体,而要在我们现代社会的生活中做到这一点,不可能也不现实。规模小还能使构成整体的部分之间的相互连接跃然纸上,清晰可见。由于规模小势必结构简单,所以观察者澄清社会关系的工作量,从起步时便已减半。

规模小的好处不仅于此。今天的社会学研究面对规模庞大的现代社会和由此产生的不计其数的人类行为,要想排除模糊观察视线的信息,界定可操作的社会研究问题,是项巨大空前的任务。让我们试想一下,就拿研究政治意味着什么来说吧,这里指的不是研究政治理论,而是研究现实生活里的政治实践。譬如描述一个政治党派,撇开它是什么或者应该是什么,而去刻画它影响大众生活的社会功能,那会是个什么样子呢？一辈子都用来揭露丑闻的耙粪者林肯·斯蒂芬斯或许可以做到,另外,如果阿尔·史密斯更善于言辞,或许也能做到。[①]但是,即使有他们如此广泛丰厚的经验,要想帮助我们概括出能够解释政治领域里个人的真实行为的普遍规律,也会力不从心！难上加难的是要进一步解释,比方说,坦慕尼协会到底是怎么一回事？这不仅需要指出这是美国市民生活的漂亮脸蛋上的一块污渍,还要说明这一现象与支配人类行为的规律之间的关系真谛。[②]

我绝非在说,在原始初民中做田野调查的社会人类学学者,已经找到了应对如此庞大规模的研究对象的芝麻开门秘诀。但我的确想要说,他已经有了一条线索。我希望能向你们展示,由于社会人类学学者有能力在微型社会体系中对可类比性问题进行研究,小规模社会里的研究方法提供了有助上述大规模探索的技巧。

比如,在美拉尼西亚的特罗布里恩群岛上,兄弟之间的一场争执往往牵带出部族生活的习惯,触发部族生活一整套的传统机制的即时运作：人们解

[①] 林肯·斯蒂芬斯(Lincoln Steffens,1866–1936),专门揭露美国城市政治的腐败黑暗并推动耙粪运动的知名美国记者,其代表作为《城市的耻辱》(*The Shame of the Cities*,1904)。阿尔·史密斯(Al Smith,1873–1944),爱尔兰裔美国政治家,曾四次当选纽约州州长,强调办事效益和治理工业化造成的城市民众生活问题。

[②] 美国纽约市的坦慕尼协会(Tammany Hall)1789年成立时旨在救济穷人,进入19世纪后逐渐演变为以好处换取选票的臭名昭著的钱权交易政治机器。20世纪30年代和60年代两次重大纽约市政改革后,坦慕尼协会退出论坛。

决冲突的不同方式,揭示了将部族与部族、亲属与亲属紧密相连的互惠原则下的社会行为规范;可以看到魔法和招魂术怎样影响特定的部族成员,引导大伙认为冒犯者实际是在为以往的过节施行报复;事实上,每当扰乱正常行为秩序的核心事件发生时,例如某人因宗亲乱伦而畏罪自杀,部族生活的全部规范便会牵一发而动全身地兴奋起来。此刻,我们便有可能对整个社会体系的动力十足的种种功能进行描述。由于观察对象规模小,加以人类学学者置身事外,这为客观地分析各种社会力量提供了机会,如同化学反应实验,可操控、可演示。

人类学学者亲历了个人行为引发整个社会体制充分运作的体验,坚定了跨入现代生活做调研的决心。读过林德夫妇"米德尔敦"研究的人,一定记得那个开创性的尝试。他们做的是正规的实地调查,以描述为主。有了林德夫妇做表率,美国城镇的大街也躲不过人类学学者探究的目光啦。从那时起,越来越具有分析特点的其他研究开始出现,并且还在继续发展。既然美国的大街都是人类学研究的正当捕捉对象,那么在爱尔兰做田野调查就没什么可担心的了。

我恐怕绕了一个很大的弯子,才回到爱尔兰,回到那个"寻找旧时习俗的家伙"的话题,希望你们多包涵。现在再回头看乡下人对人类学学者是干什么的理解,词不达意的地方就很明显了。旧时习俗和信仰确实是我们要关注的,但我们强调的是新的侧重:活跃至今的旧时习俗对于乡下人现在意味着什么?他们所归属的绵延千年的生活方式,究竟是什么?我们或许可以在时光隧道的昏暗雾霭中揣测它的起源,这方面的探索还是可以做的。但我们不会完全依赖那个揣测,因为如果那样做了,便是放弃了现状给予我们的大好机遇。

现状不会告诉我们太多的某个习俗或信仰最初萌芽时的意义,但现状却能够教给我们,在那些遵循习俗和持有信仰的人们的生活中,它们现在具有怎样的意义。

需要小心的是,我们不能把新的探索又变成揣测。诠释的意义是否合理,这要通过经验这一关。作为人类学众多分支之一的社会人类学,已经从主要依靠历史的假想转变到关注社会互动上来,成为了一门行为科学,或者借用布里奇曼引入自然科学的更为恰当的形容词,成为了一门操作性科学。①如果人类学学者避开所有的说明,只对他所观察到的人的行为进行解释,并且只有在其解释经受了再次观察的检验才被接纳时,人类学学者方可跻身于科学发展的主流,即使不尽完美。

在冲入田野大干一场之前,好好了解一下眼前的这片土地,不失为明智之举。对于未来可能遇到的惊喜,谁都希望事先略知一二。

爱尔兰,特别是凯尔特文化浓郁的南方,向来都强烈地吸引着我们。爱尔兰的城市——尤其是人文对话艺术的最后重镇都柏林——同爱尔兰乡村一样,魅力十足,令人神往。但我们在这里着重关注的是爱尔兰的农村地区。

我们多数人心中对爱尔兰农村至少有四个印象;就像凯撒大帝划分了高卢,我们也在爱尔兰分出四块领域,不过它们不是地理上的,而是精神上的。

大概我们首先想到的爱尔兰是昔日闪烁着"凯尔特薄暮"的神秘大地,养育了辛格、叶芝和斯芬蒂斯的故乡。②它是古老传统的中心,是曾经光彩夺目的凯尔特文明的遗址。经典文学教会我们怎样去寻觅它,怎样在西部贫瘠的沼地里和岩石裸露的群山里,在康尼玛拉地区(Connemara)小小的白色木屋旁,以及沿着凯瑞郡(Kerry)和西科克郡(West Cork)薄雾笼罩的岬角岸边,去寻找这样的爱尔兰。它是属于阿兰群岛(Aran)和布拉斯克特群岛(Blaskets)的爱尔兰。在这片土地上,英雄传奇的余音萦绕不散。就在昨日,一位游吟诗人还在哼唱一百多年前盲人拉夫特里③的欢快小调。老汉和老妇依旧坐在泥炭火塘旁,滔滔不绝地讲着报丧女妖和仙子的传说。

---

① 珀西·威廉斯·布里奇曼(Percy Williams Bridgman,1882 – 1961),美国物理学家,1946年诺贝尔物理学奖获得者。1927年他首次使用"操作性定义"(operational definition)一词,提出对模糊概念进行界定时,应使其可以被清晰地辨别、测量和理解,定义所包含的界定实验程序应被同行们重复操作验证。

② 约翰·米林顿·辛格(John Millington Synge,1871 – 1909),著名爱尔兰剧作家、诗人和民间语言大师。威廉·巴特勒·叶芝(William Butler Yeats,1865 – 1939),著名爱尔兰作家、唯美神秘诗人、剧作家,领导了"爱尔兰文艺复兴运动",1923年诺贝尔文学奖获得者。他收集编写的《凯尔特的薄暮》(*The Celtic Twilight*)首发于1893年。詹姆斯·斯蒂芬斯(James Stephens,1880 – 1950),著名爱尔兰小说家、诗人。

③ 安东尼·拉夫特里(Anthony Raftery,1779 – 1835),幼年因天花失明,靠卖唱爱尔兰民歌谋生,深受民众喜爱,誉为最后的爱尔兰语游吟诗人。

几天前,在丹尼尔·柯克里描述的隐匿中的芒斯特省(Munster),①围篱乡塾先生和漫游学者的舌尖上还流淌过古罗马诗人奥维德和贺拉斯的名句。同样是在这里,骑马下海的男人们②穿过跪着的女子们和她们发自肺腑的嚎啕大哭,走向死亡,他们讲的语言是很早前就已从我们口中消失的那种简明而古老的优美诗章。

第二个爱尔兰是一幅欢快雀跃、热血沸腾的画面,虽然有些民族主义者不大喜欢。它是那个快乐无忧、随遇而安、只顾眼前的爱尔兰。搞得不好,它会变成所谓"闹剧里的爱尔兰人",那个愚昧滑稽的丑角,理应受到民族自尊的厌弃。但经手得当,在格雷戈里夫人和乔治·伯明翰③的指导下,上演在阿比剧院舞台上的爱尔兰则是一个属于自己的世界。那里有自夸的天真无邪,有竞技大会的激情澎湃,也有集市的喧嚣吵闹,还有法庭上的妙语连珠,以及政治运动中断续而急促的震耳雷鸣。它展现给我们一个健谈雄辩、机敏活泼、幽默俏皮的人民群体,逗笑又睿智,浪漫而英勇。

很多人想到的第三个爱尔兰是一幅肃穆乃至坚忍的场面。在这片布满了小集镇和小农庄的大地上,精心操持和辛勤耕耘下的土壤并不总是知恩图报。这是严酷现实中的爱尔兰。它受到一浪接一浪的纷争和怒火冲击,袒露出根深蒂固的怨恨和倔强不屈的忠诚。我们都听说过这里的土地战争、新芬党④和英国人眼里的"麻烦"所导致的苦涩而血腥的两败俱伤。对爱尔兰历史稍有知晓的人,注视这一场场划破日常宁静的剧烈动乱,犹如看到

---

① 丹尼尔·柯克里(Daniel Corkery,1878 - 1964),爱尔兰作家、政治家,1924 年出版的《隐匿中的爱尔兰》(The Hidden Ireland)一书重现了 17—18 世纪在外来势力压制下爱尔兰贫苦地区农民中间流传的凯尔特文化和传统,影响广泛。

② 《骑马下海的人》(Riders to the Sea)是辛格创作的独幕悲剧,1904 年首演,以爱尔兰乡间诗歌般的对话形式表现了人与无情的自然的争斗。

③ 格雷戈里夫人(Lady Gregory,1852 - 1932),著名爱尔兰戏剧家、民俗学家。她与叶芝等人共同创立了都柏林"爱尔兰文艺复兴"期间负有盛名的阿比剧院。本书的第六讲数次提到格雷戈里夫人在爱尔兰乡村收集民间故事时的所见所闻。乔治·伯明翰(George Birmingham,1865 - 1950),著名爱尔兰小说家和牧师。

④ 土地战争(the Land War,1879 - 1882)是爱尔兰长期存在的土地问题的一次集中爆发。付不起地租的小户佃农被警察和军队强行驱离家园,爱尔兰土地同盟(the Land League)通过组织非暴力的抵制运动为他们争取权利。新芬党(Sinn Fein)成立于 1905 年,旨在摆脱历时七百多年的英国殖民统治,建立独立完整的爱尔兰国家,振兴爱尔兰民族。

一个个硕大的标点符号勾注在一卷长达七百年的卓绝斗争的红色页面上。这便是经济命运多舛、政治坦途坎坷的爱尔兰。问题的大部分原因归咎于英国,但又不全是;爱尔兰人的爱尔兰并不比世上其他国度更能摆脱自身内部的冲突。

我们还有不少人,尤其是信奉天主教的诸位,会意识到第四个爱尔兰——信仰大地上的爱尔兰,即常说的"圣徒与学者之岛"的爱尔兰。在这片虔诚信徒拥有的大地上,一言一行散发着宗教的热忱;而我们大多数人早已将此忘怀。这里遍布圣水泉眼、朝拜路线和道旁神龛。这里的教堂座无虚席,高耸的尖顶凌空于乡间每座村庄之上,身着黑色长袍的神父是熟悉而温和的身影。我们可能会对此感到费解:这是怎样的一个地方,人们对政治自由浓浓的爱与对最为专制的基督教义深深的忠,携手同行。

这片充满惊喜的大地上,自相矛盾的现象不止于此,甚至连太阳和天空也会有失连贯。爱尔兰景色的瑰丽就在于它的色彩的变幻莫测。一段短暂的透晴,会让阳光把天空原本百无聊赖的混沌土黄,瞬间化为明亮夺目、酣雨冲刷般的湛蓝。在它的照耀下,整片山坡尽显璀璨的碧绿,抑或绚丽斑斓的茶褐、葱青和荷红。稍会儿,五彩淡去,天空骤然回到凄哀的铁紫和雾朦的银灰。爱尔兰的特点亦是如此:这里既有被过于武断地称为民间传说式的"迷信",也有对天主教的笃信虔诚;既有清教徒式的道德规范,也有竞技比赛中的嬉笑狂欢。人们一边是对"大家族主义"忠心耿耿,一边是充满自耕农个人的利欲熏心。怪不得爱尔兰人觉得,没有一个外国人会真正懂得他们。

这儿就是我希望前往进行田野工作的地方。如果我们想要获得整体性的见解,就必须全面地看这个国家,我也会尽量向你们展现爱尔兰的这四个不同的侧面。

生活在这四部分大地上的人,如同乔治·伯明翰写的一本书的题目,是"所有的爱尔兰人"①。但与他书中的各种人物不同,我们这里说的是同样的人。因为居住在爱尔兰乡下的人同时生活在精神家园的所有四方之地

---

① 《所有的爱尔兰人》(*Irishmen All*, New York: Frederick A. Stokes Company, 1913)。伯明翰在书中描写了不同职业的爱尔兰人:官员、警察、地主、政客、乡绅、农庄主、酒馆老板、神父和商贩等。

里。我们做的区分只是想象中的,是为了标明我们的关注所在,并非爱尔兰人生活的现实。

话说回来,爱尔兰人的生活如此丰富多彩,可以从多个角度进行观察,提出各种令人着迷的问题进行研究。那么,这样的生活究竟有哪些规则?与古老的习俗和信仰有什么关系呢?

这里的人民保留了未曾断代的古老传统,或许可以追溯到远在基督之前的年代。他们的那支凯尔特文化和语言,虽然在欧洲大陆的史前史里已经失落,却在爱尔兰这个"西欧最偏远之地"的隔离状态中保留了下来。今天,历史学者之所以能更好地了解整个欧洲的历史,要归功于凯尔特文化的过去在这里存活得最为久远,只有在这里它躲过了罗马人和基督教的洪水冲刷。

出于这个理由,也因为它在考古方面仍然是个相对不为人知的区域,爱尔兰现在成了人类学大旗下许多其他研究人类的学者们情有独钟的田野场所。民俗学者发现了爱尔兰之后,今天的爱尔兰自由邦政府即把保留民俗传统的工作当作弘扬民族的伟业而大力资助。① 民族志学者发现的则是原始的工具和早期的房屋结构,甚至青铜时期的木犁至今仍在偏远的沃特福德(Waterford)或康尼玛拉山区被使用。至于考古学者,按当地农民的说法,"连根刨起山寨围垣"②,揭开了史前的生活方式。

哈佛大学在发现爱尔兰的过去的工作中,一直发挥着重要作用。迄今为止,已经有四个探索团队出发前往。在哈佛大学胡顿博士的统筹指导下,他们在这个国家的不同地点进行了考古挖掘。休·亨肯博士与哈勒姆·莫维尔斯先生③的发现,为我们对欧洲史前史和凯尔特文化的了解增添了新

---

① 爱尔兰自由邦(Irish Free State,1922—1937)根据 1921 年 12 月于伦敦签署的《英爱条约》由大不列颠和爱尔兰王国在爱尔兰岛的 32 个郡中分裂出来的 26 个郡组成,为自治领地。其他 6 郡留在联合王国之内,形成北爱尔兰。1937 年自治政府通过宪法去除"自由邦"的称号,改名为"爱尔兰"。1949 年爱尔兰正式独立为共和国。

② 山寨围垣(raths and forts,或 rath)是密布于爱尔兰的一种独特的围成圆形的建筑遗迹,由石头或垒土构成,现已查明的有四万多处,修建于青铜时代至公元 10 世纪之间。爱尔兰民间传说中,山寨围垣常被看作是仙子出没的地方。参见本书第六讲。

③ 休·亨肯博士(Hugh Hencken,1902 – 1981),美国考古学家,曾任哈佛大学皮博迪博物馆馆长。哈勒姆·莫维尔斯(Hallam Movius,1907 – 1987),美国考古学家,哈佛大学教授,专长石器时期研究。

的篇章。现在全面总结这些发现还为时过早,而且这个权利当然应该留给发现者们。但我们可以说,遮盖在爱尔兰青铜时代和铁器时代上的未知暗幕在被徐徐揭开。我们对这件事感兴趣,是因为它将一段历史进程的早期阶段推得更远,而这段历史的最近部分将在我们下面讨论当今爱尔兰乡村文化时出现。

当一个人民的生活,至少在某些方面,具有如此古老而连续不断的历史,怎能不让另一组人类学学者产生浓烈的兴趣。从某个角度看,人的研究也是人种的动物学研究。人类与所有动物一样有不同的种类、次种类、种族和遗传血统。所有这些不同之处会表现在体质特征上和形态特点上,也会显示在与生俱来的习性和能力上。把人类体质上和遗传上的多样归化为统一规律,是合理的科学追求,对我们既具吸引力也意义重大。过去几年里,哈佛大学在体质人类学这个领域里领跑了对爱尔兰的研究。还是在胡顿博士的指导下,维斯利·迪佩尔蒂先生①在爱尔兰全国各地采集了大量人口体质测量样本。其结果将是一个爱尔兰人体质类型的知识宝库,可与我们获得的其他欧洲人种的体质类型信息媲美,甚至更好。未来一天,我们对决定人类特质的生物因素,将有更大的把握,或许会极大地帮助我们了解,包括爱尔兰人在内的,构成世界上所有不同的人的血统问题。

这方面的工作将显示爱尔兰人与其他欧洲人血统上的关系,帮助我们追溯这个国家历史上一批批定居者们的来往交融。设想一下它将打开的研究领域吧！纯粹的盖尔人(Gael)今天在哪儿？最后定居此地的爱尔兰人遇到的土著富伯尔格人(Firbolg)是谁呢？入侵此地的外国人还有谁？如今他们又都在哪儿？不列颠人、诺曼底人、丹麦人、佛兰德人、撒克逊人、英国人和苏格兰人将他们的血脉带到这片土地,并与盖尔人的血液交融。他们都留下了什么痕迹？今天又是什么样的血脉在起着作用？

当然,所有这些追问不是我们在这里要讨论的。某些信息的陈旧也不能不引发质询。但我们不可能完全摆脱这些想法的影响,而且也没理由回避。就算它们不能直接帮助我们,对我们也是一种激励。

---

① 维斯利·迪佩尔蒂(Wesly Dupertuis,1907－1992),美国体质人类学家,专长研究人体类别。

一个社会人类学学者初次进入爱尔兰乡村社区时,脑子里肯定或多或少有过上面的想法。虽然我不能替帮助我收集田野资料的芝加哥大学的沃纳先生和哈佛大学的金博尔先生代言,但我能够说出自己的亲身感受。

当我呼哧带喘竭尽全力把脚踏车推上山坡时,即刻被眼前爱尔兰的魅力景色怦然打动。脚下的土路始于克莱尔郡最西北的杜林村(Doolin),沿着狭窄的谷地蜿蜒而来。当时,我正在前往爱尔兰西部的一个小农庄社区,它是我田野调查的第一个落脚点。这条宽不过单行马车的山路,在撇开谷地后开始攀向陡坡。而窄谷里那条卵石铺底的河水,也跃然向前流入了大西洋。从这儿到阿兰群岛的最南端不足三英里。登上陡坡顶放眼望去,坡的另一边是舒缓的高原台地,平铺开去,满眼碧绿。站在那里,可以看到阿兰群岛鲸背状的累累礁石,也可以眺望坐落在戈尔韦湾(Galway Bay)南岸的峰峦叠嶂的埃尔瓦山(Mount Elva)。如果天气晴朗干爽,更远处康尼玛拉地区的十二峰山脉(Twelve Pins)交相辉映,历历在目。顺左手看去,高原台地的西沿从那里陡然地笔直断裂,直落三百英尺坠入大西洋,形成闻名遐迩的莫赫悬崖(Cliffs of Moher),警醒世人这里曾有一座爱尔兰山陵被大西洋的浪涛齐刷刷地斩去。

我一路辛苦要去的社区就在这片高原台地上,坐落在羊齿蕨覆盖的山顶、墨黑的沼地和莫赫悬崖之间。它叫洛克村(Luogh),依然保留着旧传统,依然使用——起码老年人依然说的是——爱尔兰语,尽管年轻人正在把这古老的母语淡忘。现在,英语用得更普遍。好在《爱尔兰民俗学报》(*Irish Folklore Journal*)的编辑德拉吉先生(Mr. Delargy)已经在这个地区收集了大量的民间故事、歌谣、传说以及谚语,其中有的可以上溯到古爱尔兰的长篇英雄史诗传记。

洛克村地处偏远,从村子前往恩尼斯蒂蒙(Ennistymon)镇的市场,差不多要跋涉半天的时间。恩尼斯蒂蒙谈不上是个都市,不过是一个有着1200人口向四面八方摊开来的大村子。它和洛克之间,既没有公交车也没有火车可乘。

然而,洛克村并未因偏远而与世隔绝,也没能彻底逃脱现代化的影响。喜欢郊游的城里人常开车来这儿玩,在莫赫悬崖边跑来跑去。戈尔韦湾的进口处,可以看到横跨大西洋的几艘游轮在停驻待命,准备靠岸。村里的几座农庄有了英国钢铁厂生产的马拉割草机。当这一边的邻居还靠木制的手工搅乳桶打黄油时(这家什与从沼地深处考古发掘的文物一模一样),那一边的农户已经在使用金属的电动脱脂机了。

但是,现代化的工具并没造就洛克村的生活,它或许让日常活路做起来轻松些,在慢慢地释放其效应。在村子里短期的驻留是看不到真正的变化的。我们的注意力转向了生活本身,那个现代元素撞入的乡村生活本身。

克莱尔郡乃至整个爱尔兰南方和西部有为数众多的小农庄社区,洛克村与它们相差无几。与洛克村相比,有些社区距中心城镇近些,有的离得更远。大部分的社区要富裕些,个别的则穷些。有的社区村民继续讲爱尔兰语;有的嫌其土里土气的腔调而彻底放弃了。不论怎样,他们说话都带着盖尔语特有的"甜美乡音",方言习语里也透着浓厚的民俗韵味。

刚到洛克时,我对此一无所知。但不久便在村里和克莱尔郡的其他社区里了解到了一些。之后在更大的范围里,通过报纸、小说、法院档案、数据报告,还有夸夸其谈的政治文章,我越来越经常地遇到这种语言文化现象。它是一种带有自身规律的生活方式,流行于洛克村,流行于布拉斯克特群岛,甚至遍及南方富庶的提珀雷里郡(Tipperary)的土地肥沃的小农庄。

那时我初来乍到,只知道在这个由小农庄构成的偏僻社区里,仍能找到活跃着的古老传统习俗。我对它的了解是个点滴积累的过程。随着那些让我遇到的种种观察不断累积和扩大,脑子里的画面也愈加清晰。

下面就让我利用本次讲座剩余的时间,好好说一下这个认识过程。你们也可以随我一起,为这项探讨爱尔兰乡村生活的人类学研究,做个理想的热身准备。

有两件事可以很好地说明这个过程,权且将其称作"西屋"和"老头的诅咒"吧。两个例子都与旧风俗有关,都有助于我们看清包括古老习俗在内的爱尔兰乡村生活。

沿着脚下的山路,我终于走进有着26户人家的洛克村,来到要去的那一户门前。这栋小农庄房舍坐落在16英亩土地的中央(在山谷那边,主人还另有8英亩地)。用乡下人的话说,这是一块"四牛一马的土地",地表大部分是凹凸不平的湿润的山坡。从这个当地习语表达中可以知道,这块地上的牧草够喂养几头牲畜,应该算是不错的。在乡下,所有农庄的面积大小,都用这样的比喻来形容。农民们就是靠着奶牛,靠着小"菜园"里的土豆、圆白菜、燕麦和萝卜过日子。在后面的讲座里,我们会聊到更多的农业话题,这里就不多说了。

我房东家的住宅和村里其他人家的不相上下。虽说他家的房子显得略微"强"些,但除了收拾整洁、盖得结实、打理用心之外,房子的基本结构布局与村里别家的房屋别无两样。房子主体呈长方形,由石头砌成,墙壁刷白,石板铺顶(这里的人几年前才开始不再用茅草铺屋顶)。房子的前后墙是长边,大致为南北朝向,墙上各开一扇门,直通前后院落。屋顶下,两面三角山墙之间的阁楼是家人睡觉的地方。没有阁楼的房子里,一切便限于一层平面上。屋子中央面积最大的一间是厨房。一家人在这里做饭、吃饭,这是他们生活的主要场所。炉灶是开放式的壁炉火塘,烧泥炭,上通烟囱。炉膛内深宽大,敞口处左右各有一方炉台。一枚悬在上方的大铁钩,用于把火上烧得滚烫的锅子拽出来,送入厨房。

炉灶后身有间屋子,位于房子的西端,因而得名"西屋"。它就是我要举的第一个例子。

大部分的乡下住房,尤其在贫困地区,除了厨房和阁楼以外,炉灶后面的这间西屋便是唯一的房间了。当然,有的住宅还在厨房的另一端,隔出一间用做卧室。我房东的家里就是这样做的。

但是无论住宅的格局如何,很快你就会察觉,西屋明显有些特殊。在洛克村,这一点颇为抢眼,过目不忘。我房东家的西屋有点儿像客厅,但只接待尊贵的来宾,一般人不得入内。屋里摆放着去世的家庭成员和移居海外亲属的照片,陈设着家里所有的"贵重"家具以及儿媳过门时随身带来的有象征意义的铜器。这里还有举行家庭弥撒使用的圣餐礼器具。事实上,除了一盏"祈福明灯"和一幅"圣图"挂在厨房,家里所有与宗教有关的物品,譬如耶稣受难像十字架等,一概摆放在西屋。像我房东这样,把亲情怀念和宗教信仰的物件放在西屋的,绝非一户。洛克村里的其他家里也是这样布置。给人的感觉,好像这些物件本该"属于"西屋。

然而,随着更多现象浮出水面,这些不起眼的细节开始有了非同一般的意义。我们也就此步入了通常称为"旧时习俗"的领域。渐渐地我们意识到,西屋还关联着某种超自然的现象。在民间的仙子传说中,它的地位弥足轻重。

有关这一点,洛克村的人看法一致,可却没有几个能对此说出个道道来。眼下在爱尔兰,仙子信奉被认作"迷信"行为,遭到来自市镇官员、学校教师和教会牧师的猛烈抨击。但可以看得出来,那些说不出个所以然的村民,做起事来像是真的相信有仙子这回事似的。

据人们记忆,仙子出没的小径都沿西屋而行。有些人家到了晚上,会在门外放些吃的喝的,这些食物都摆在西屋一侧。住房以外的任何建筑,棚屋或圈舍,均不可搭建在西屋墙外,否则会厄运临头。村里没人说得清或愿意说为什么要这么做,一切皆来自一种心知肚明的不言而喻:在那儿搭建,会"挡道"的。我的房东一家虽然说不出他们这么做信奉的是什么,但在按常理办事这点上他们绝不含糊。事实上,洛克全村的 26 户人家,没有一户把棚舍什么的盖在房子的西侧。

可以看得出,西屋肯定和上面提到的两件事有关。但这关联是什么意思呢?人们表现出毕恭毕敬的态度,还夹杂着些许畏惧;但毕竟还是恭敬占了上风。那么,这个恭敬是怎么回事呢?又为什么表现在仙子传说里,体现在西屋的室内布置上呢?

面对这样的问题,人类学学者通常会求助历史寻求答案。传统意义上,西方是死亡之域。远古时代的太阳崇拜教里,初民们将他们自身的生命进程与太阳每日和每年的运行轨迹相比,西方便成为死亡的神圣宿地。直至今日,说到某人去世,我们仍会半开玩笑地说他"上西天了"。古代凯尔特神话里生命终点的天堂,一个是常青之地(*Tir na nÓg*),另一个是苹果树之岛阿瓦隆(Avalon)——相似于古希腊神话里的赫斯帕里得斯的金苹果圣园(Garden of the Hesperides),在基督教义里它是受上帝赐福的圣徒布伦丹艰难跋涉最终抵达的地方。而且,两处圣地皆位于夕阳陨落的西方。很有可能,这些乡下的民俗做法是一部曾经精美丰富的原始神话幸存至今的几近全部的残片。

可惜的是，面对我们的追问，洛克村已经没人记得阿瓦隆，而常青之地的传奇似乎也奄奄一息。我们向村里年长者打探西方的含义，听到的却是陷落的城堡和怪异海兽的故事。转而问及仙子和他们游走的小径时，先是遭到对方愤懑的一连串否认，谁会相信那种有失颜面的东西。之后，他们零敲碎打道来的是表现仙子魅力和魔力的轶事、传说和巧遇，既有善行也有恶作剧。待问到西屋里的家具，他们只是回答：那些物件就该摆在那里，仅此而已。看来，无人能追溯还原自古至今的延续；传统不仅在于具体细节，更在于总体感知。①

于是，我们只剩下能够听到和看到的眼前。无论我们怎样变着法儿地问，结果都是碰壁，顶多是再听一遍那些模糊不清的笼统说法。村民的答复也变成因问而应的即兴发挥，根本不能反应出洛克村民真实的感受、想法和做法。

但事情还不至于希望全无。如果我们注重对现状的观察和询问，新的事实开始脱颖而出。我们发现，西屋在家里孩子成亲时占有重要的一席之地。拟定的婚约文书中，西屋经常被指名要记录在案。两位老人，即新郎的父亲和母亲，明确要求把它留给自己。这样，在儿子结婚和农庄转交给他后，二老可以将特意保留的西屋供自己用。

顺着这条线索追问下去，更多的信息迎面而来。西屋是老两口将来要搬进去住的地方。这屋子是他们的。不得允许，家里的小辈们不敢入内。两位老人的气场充满全屋；家人对他们与对他俩入住的西屋一样，敬若神明。于此，我们进入了人类关系中行为和态度的新领域。虽然老两口退位下来，不再主导和拥有农庄，但他们的声誉和掌控并未随之而去。老人迈入了新的社会地位，而西屋与恭敬之间的关联恰好折射了这一更新。

新问题和新观察没有把我们引向追究史前时期或历史的前后延续，而是将我们领向更广泛更鲜活的寓意关联，体现了当今男女之间、老年人和青年人之间多彩的社会关系。新问题和新观察还引导我们认识到规则和习

---

① 原文 Tradition is felt in the mass rather than in the particular 意为用类似"草色遥看近却无"的体验方式感受传统的存在。

俗；有了它们，小农家庭的生活才有稳定的秩序。在这个例子里，洛克村的西屋或许只是远古传说阿瓦隆和常青之地残存的摇曳烛光。但确定的则是，西屋集中代表了一套社会价值体系，并且我们瞥到的还仅是它的冰山一角。就这样，西屋里的古老习俗给了我们前面提到的人类学新方法的第一个例子。在对乡村现实生活的探索中，我们没有走追溯文化传承过程的老路，而是转为对人类行为的方式进行研究。

我要举的第二个例子叫做"老头的诅咒"。这个例子听起来可能令人不悦，而且发生的机率微乎其微。但与前面"西屋"的故事一样，它能告诉我们，田野调查该从哪儿着手。老头的诅咒牵扯到一只眼睛的失明。乡里很多人认定，正是这个诅咒直接导致一个小伙子瞎了一只眼。出事的年轻人住在离洛克村不远的地方；而施咒的老头儿是个邻居。这么交待这档事算是最直截了当的陈述了。如果我们的兴趣只在收集民间的魔法致残事例，调查至此足矣。

咒术、黑魔法和"恶之眼"的邪祸后果，在人类学的文字记载里屡见不鲜。在爱尔兰的民间传说中也很常见。超自然的缘由会使人们受到各种伤害。比如，恶之眼的拥有者能致人枯萎、肢残、甚至丧命；神父的咒诀，即便据理而发，也能让满门兴旺的家庭毁于一旦，让不信教的人中风不起，或是致人双目失明；就连老翁老妇发出的刺耳咒骂，抑或讽刺诗人的韵律谣诵，都会带来类似的不幸遭遇。毒咒致残的传说和凯尔特神话一样悠久，流传至今。对它的信奉还远远超出爱尔兰的疆域。那不勒斯的渔民为对抗"恶之眼"的魔力，重彩漆涂他们出海的船只；巴尔干的女子为抵御邪恶咒语的侵袭，精心刺绣她们的罩裙；西非的巫师把掌控咒术的技法练得炉火纯青；我们宾夕法尼亚的荷裔"巫婆"则是此法的现代践行者。人类对诅咒应验的信奉，是无垠的魔法疆域的一部分。

如果我们满足于咒语故事收集者的直白陈述，便会心安理得地把年轻人的事交给他，一走了之。但是，深入追究一步，我们便会看到小伙子倒霉的整个情形。在可以对其评判的具体情节里观察咒语信奉是如何奏效的，能让我们更好地理解这种仍然相信诅咒应验的生活是怎么一回事。

事实上，事出有因，而且不止一项。首先，年轻人遭殃的直接起因很简单。他挥舞长柄镰刀清除地界围墙上的荆棘灌木时,不慎跌倒,一根劈开的树杈刚好戳进眼里。我想,一般情况下人们会把这种事归为意外,叹息他的运气不佳罢了。

可是,住在附近的小农们却围绕那只眼睛编出另一番解释。渐渐地一段故事显现出来:瞎了的眼睛可能来自惩戒;年轻人也并非清白无辜。于是,一股悄声的质疑开始指向他这边。

原来,几个星期前,这里发生了一桩,用当时的热议词来形容,"乡间暴行"。半夜三更,有人朝两个独居老汉的屋子开枪。他们破旧的小木屋栖息在高高的半山腰,枪子儿穿透了窗户。大概作案人事先策划好了,子弹只是钻进地板,没有伤到人。但枪声惊醒了老头儿,吓得他们魂飞魄散。

事件震惊了整个社区。这两个老头儿毫无害人之心,用乡下的话说可谓"圣人"。谁会想要伤害他们,赶他们走呢?

对这个问题,乡里人心中自有他们怀疑的对象,但警察从他们嘴里什么都没掏出来。探长没辙,只好按又一起"乡民恐吓"案上报了事。其实,就算他听到什么,也无从下手;没有目击者出面,到头来他什么也证明不了。

乡里人缄口不言,自有从他们立场看这事的道理。如果他们猜对了,所发生的一切不过是别人家的私事,属于家庭内部之争,与他们无关。

事实上,就农村亲属关系的常理来说,这两个老头儿也不是无懈可击。他们拥有一座小农庄,却不耕作,也不接纳任何亲戚来家里帮着打理。按说他们早该放弃手里的土地,其中一个找个女子结婚成家,然后把土地传给儿子。如果没有儿子,则该过继一个侄子或亲戚里的男孩。这样,等他们感到年迈干不动时,可以把农庄传给男孩,让他成亲。这样,家族的姓氏便能保留在这块土地上,延绵不断。

可这两个老头儿压根就"不好结婚这档事"。说起来,他们俩本身也是过度忠诚的受害者。说他们是受害者,是因为他们的忠诚老实属于世间最狭隘的那种。首先,他们老妈在世时,就活得过久,而且始终没拿定主意两个儿子中哪个该继承土地、娶妻成家。如果他们的老爹还活着的话,兴许会果断些,可惜他比老婆早离世多年。结果,两个儿子都不愿离开老妈,也都不肯离家让位给另一个。终于老妈离去,两个依旧单身的儿子也上了年纪,早已错过谈婚论嫁的岁数,陷入了独身的境地,不可自拔。于是,他俩就这样年复一年地过着,日子越过越窄。

在社区里,前面说过,老哥俩"与人与畜相安无事",被视为"圣人"。但从另一角度来看,他们却没有做"天经地义"该做的事;他们从来没有送过亲戚们什么东西,也没按照乡规把土地传继给该给的人。他们拒绝了生活中他们本应承担的社会角色。难怪在当地,人们给他俩居住的小屋起了"没人管"和"没法修"的绰号。村里人会略带说教地告诉你,事情发展到如今这个地步,全是因为"没个妇道人帮把手"。

但是,对老哥俩随意挥霍一生的行为进行谴责,还轮不到社区的份儿。他俩的亲戚才是真正的受损方。他们家族的名声受到伤害,族里那些在世的和未出生的男孩们没有土地可继承,只能看着可能属于他们的土地在那里撂荒。所以,无论谁放的那几枪,可能自有他的道理。虽然怀疑对象被乡里人指来点去,但无论这家的亲戚采取什么样的方式泄愤,都是他们家族内部的事。老哥俩本应对其亲戚尽责,现在也只能由这些亲戚出面要求他俩按规矩办事。至于圈外其他的人,最好闲话少说。

但话说回来,开枪这事,社区也不能轻易饶恕。这事糟糕透顶,对社区没一点儿好处。它严重搅乱了村里的祥和,闹得人心惶惶,给本地带来了"坏名声"。

所以,当突发事件再次降临,社区便有了发泄责难的借口。小伙子的眼睛出了事,大伙儿不能再等,该是重振一番受到威胁的社区价值观念的时候啦。原来,失去一只眼的年轻人正是受到老哥俩不公待遇的亲属成员之一,是他们一个名下没有土地的堂弟的儿子。按道理来讲,他俩的农庄本该传给这个堂侄和他的兄弟。于是,众人便把年轻人的失明归咎于他付出的代价。没人确切知道惩戒的细节;也没人想要揭开其中的奥秘。神秘的东西来势汹汹,掌控不得。有人觉得惩戒是两个老头施咒干的,有人认为神父插手的可能性很大,因为之前老哥俩曾向他求助过。还有人怪罪在小伙子干活的灌木丛中有股不可思议的力量。无论祸从何起,事实显而易见。放枪的惊吓刚过一个星期左右,年轻人便瞎了一只眼。把这意外说成是当事人罪有应得,不仅大伙儿看法一致,而且也不必惹祸上身,招致争议双方的报复。

讲述这件事时,我用了较为模糊不甚确切的措辞,是有原因的。民间信念里,故事轮廓不清晰,概念不准确,实为常见。没人能合乎逻辑、条理分明地解释清楚一场报应怎么就戳瞎了年轻人的一只眼。然而,所有人对此却都感觉到了。人群中的道德说教者或许会一言以蔽之地点题:"尊敬老人,才是正理"。

所以你们看,第二个例子指向与第一个例子相同的方向。西屋的故事和老头的诅咒都折射了年深日久的民间传统,都揭示了价值观念体系依然规范着人们今天的生活,决定了他们的态度,体现在他们的言行上。就说第二起事吧,无论是年轻人(甭管是不是他开的枪)还是挨枪的老哥俩,都不是随心所欲的行为能动者,双方都在按照乡村生活价值观形成的利益得失在行事。在某些场合,譬如眼前这个例子,利益之间发生了冲突。如果不想大打出手搅乱日常秩序,人们就必须想法子解决冲突,或用外交家的话说,找出达成协议的方法步骤。

后面这个例子里,我试着让你们看到这种转化过程,以及当事双方可能取得的某种认同。两个例子都指向同一条路子,指向带有自身规范和自身调控的生活。如果我们想在"旧时习俗"里识别出珍奇罕见和稀奇古怪之外的东西,就一定要进入到这种生活里,将其归化为理解。

第二讲　乡下人做活路

在前面一讲，我们透过年深日久的习俗之窗，略微见识了乡下人的生活方式。为了进一步缩短你们与它的距离，有必要将其呈现得有血有肉。那种虚无缥缈、轻描淡写的表述，既错误也行不通。世上无论何处，人们都面对同样的首要需求：他们必须生存，必须吃饭穿衣，必须有遮风挡雨的住处。

所以，我接下来要讲的话题是乡下人做活路。在爱尔兰乡下，农民如何谋生？他都干哪些农活儿？他的动力从何而来？又得到怎样的回报呢？如今，很时兴从经济学的角度诠释历史学、社会学和人类学的问题。那么在这里，经济学视角的探讨能给我们带来怎样的理解呢？

探讨的第一步是对考察对象进行摸底。要想了解爱尔兰农民的日常劳动，先要对整个自由邦的经济状况有个大概的认识，因为农民在其中占据的地位不可小觑。做到这一点，需要求助一下枯燥的统计数据，但你们大可不必为此感到沮丧。说到底，无论怎样庞大纷繁的数字，都是对某项人类活动的清点，帮助我们了解数字背后那些鲜活的人。我们可以透过厚厚的人口普查记录和生产数值找到乡下人，发现他们从早到晚、一年到头都在忙些什么。

由于1926年自由邦政府进行了一次全面的人口普查，我们从数据入手的工作得到极大的简化。从整理出来的普查表格上可以看出，农村人口在几个方面表现出显著的特点。首先，他们是这个国家里人数最多的一组。在全国近300万居住人口中，180万人（即63%）生活在城镇以外的乡下。当然，并非所有住在乡间的便是农民，但他们中的绝大多数的确是。爱尔兰南方所有在职者中，以务农为生的人占51%，男女皆包括在内。

不用说，这些从事农业的人并不一样。他们之间的不同特点，对于深入了解乡下人极为重要。举例来说，他们用来谋生的农庄，其面积大小相差甚远。全国不同地区所拥有的大小农庄的相对比例各有差异；但小型农庄的数量之多，在整个爱尔兰占压倒优势。相比而言，面积超过200英亩的农庄实属罕见；大部分农庄占地不到100英亩，一般平均面积只有30英亩或50英亩。

然而，当我们把注意力转向这些农庄所养活的人口数量时，小农庄的分量变得尤为突出。面积不足30英亩的小农庄所养活的人口数，远远超过面积大于50英亩的农庄所承担的。事实上几乎可以说，"农庄越小养活的人越多"。多数爱尔兰农民养活一家人的农庄，平均面积只在15英亩到30英亩之间。几乎每十个务农的人里，有八个是靠小农庄上的产出过日子的。

一个不足30英亩，甚至是不到50英亩的农庄，按照我们美国这里的标准，实在很小。同样，爱尔兰人也这么看。我称爱尔兰乡下人为小农庄主（small farmer），是顺依他们本国人的标准而言。而了解爱尔兰小农的生活，正是与这片土地上唯一数量最多的一组人打交道。

再者，小农这组人口集中于爱尔兰的西部和南方。这个国家在历史上和经济上屡次发生剧烈的动荡，将他们簇集到南方和西部布满岩石的山区。爱尔兰中部的肥沃平原上，例如米斯郡（Meath），拥有不少大型农庄，那里的人口密度每平方英里约50人。但在梅奥郡（Mayo）的贫瘠山区，小农庄多如牛毛，每平方英里的人口密度达到75人，比中部多出几乎50%。

然而，依靠小农庄谋生的乡下人，真的构成一个类别吗？他们是自成一类的独特群体，还是对研究人类行为的学者来说意义不大的数字罗列呢？统计数据既能揭示生活里真实的类别，也能把人引入歧途。所以运用时必须谨慎。具体到眼前的问题，谨慎即意味着发现事物之间的相互关联，并要看这些关联是否与整体相符。比如说，如果我们只考虑单一的行为特点，就很难了解人类的多种多样，甚至一无所获。相反，如果我们对多种多样可量化的行为特征进行清点，发现一组人的特点三番五次地从中冒出头来，那么我们有理由相信：我们面对的是一类群体，其中的个人即为类别的实例。

爱尔兰统计记录里的经济数据，恰好如此。小农庄主的确表现出真实的类别特性。淡漠无声的一组组数字揭示了他们这一类群体特有的生活习性,无论在性质上还是在数量上,都不同于其他的类别群体。

好了,与其花时间讲解这个结论是如何得出的,不如把小农庄主在经济领域里的特点逐一举例说明。

首先,小农庄主经营的农业方式有其明显的独到之处。他的产品与大农庄主的相差甚远;这既体现于产品本身,也表现在不同产品的相对比例上。大农庄主是养牛专业户,是牧场主。而小农庄主是典型的在美国称为"自给自足的农夫"。大小两类农庄主都主要靠畜牧为生,因为爱尔兰草场辽阔、牧草丰美,比其他任何欧洲国家都更少依赖于土地耕作为主的种植业。但大小两种农庄的经济特点却迥然不同。小农庄主通常开一片"园子",种些燕麦、黑麦、土豆、卷心菜和萝卜什么的。牧场和收割的草料全部用来喂养奶牛。当年出生的犊子一般拿到市场去出售。尽管他还会养一大群母鸡和几头猪,但小农庄经济的中心始终是奶牛。另外,几乎所有他喂养长大的,都是在自家消费。一家人和农庄里的牲畜会消耗掉他每年产出的一大半。只有剩余的部分和新生的牛犊不在自给自足的范围,能给他带来唯一的货币形式的收入。

在所有这些方面,小农庄主都极大地区别于大农庄主,特别是那些在爱尔兰农业界被称作"牧场主"的人。大农庄主主要生产肉牛。他专注饲养肥牛,靠把出栏的肥牛投放市场来赚钱。同时,他靠市场的供应而衣食无忧,也养活了给他干活的雇工。如果他更富有,更勤于经商,他也几乎完全被飘忽不定的市场价格和需求所牢牢拴住。

显而易见,小农庄主和大农庄主在交换、分配和贸易的经济活动中,扮演着截然不同的角色。小农庄主的牛是自己接生养大的,他待它们的方式不同于大农庄主。通常他把新生的牛犊卖给牛贩子、中间商和大农庄主。所以,牛犊长到一定大,便从小农庄转至大农庄。然后,大农庄主把它们养到成牛,直至够格送上英国人的餐桌。因此,地方上的牛畜交易市场,依然是小农庄主的集市,保留着中世纪的习俗。与之相反,大农庄主则直接把成牛卖给运输商和出口商。于是,牛儿源源不断地从西部移向东部,从小农庄转至大牧场,继而运往最终的英国市场。这在爱尔兰肉牛贸易体系里极具代表性,大农庄主在其中扮演了,或者至少部分地扮演了,贸易中间商或"加工商"的角色。今天,德瓦莱拉①政府为了努力阻断爱尔兰对英国市场的依赖,正在向大不列颠发动一场"经济战",此举势必会从诸多方面给大农庄主带来重创……

由于以上的种种不同,小农庄的消费方式自然也不同。他们有自己的饮食习惯;很少吃肉,要吃也仅限于培根,偶尔会有禽类。鸡蛋是家常便饭,土豆则刚刚从餐桌上的头等重要位置逐渐退下。但是,乡下人还是做了足够的储备,决心不让土豆有负众望,绝不让大饥荒的悲剧再次上演。②他们在奶制品的食用方面,特别是以黄油形式的奶制品摄取,在整个欧洲农村堪称第一。所有上述食物统统产自小农庄自家的土地。面包和茶叶是19世纪英国的舶来物,已成为农家餐桌上最常见的食品,也是小农庄主唯一必须去外面购买的主食。在最后这一点上,小农庄主和大农庄主以及镇上人的消费方式达到了平起平坐。但除此之外,他们几乎碰都不碰那些只有镇上人和大农庄主才有幸享用的肉食和店铺出售的食品。

再之,比起我们了解的农业机械化,爱尔兰的大小农庄主都还未对其加以利用;因为他们均以畜牧业为生。但小农庄主使用的工具又有不同。他离不开手工工具;在比较贫困的地区,他必须靠铁锹、连枷和长柄钐镰干活。农庄面积的狭小和土地的贫瘠,迫使他局限于使用手工工具。

最后,大小农庄主对各自土地的经营方式也不同。大农庄里,主人使用雇来的劳力干活。而小农庄的主人靠的是全家人的齐心合力。乡下小农自给自足的生产方式是一种家庭经济,即所有的家庭成员,包括儿子、女儿、其他亲戚,都参与进来。在这方面,他与大农庄主有天壤之别。大农庄主是雇主,他的帮手是挣工钱的雇工。

以上篇幅如此这般地过了一遍爱尔兰农民经济的标志性特点,自有其

---

① 埃蒙·德瓦莱拉(Éamon De Valera,1882 – 1975),爱尔兰著名政治家和活动家,领导反英国殖民统治、争取爱尔兰统一和独立的斗争,于1932年出任爱尔兰自由邦总理,倡导摆脱对英国的依附。后来(1959—1973年)连任两届爱尔兰共和国总统。

② 大饥荒(the Famine,或 the Great Famine)指的是1845—1849年爱尔兰因遭遇大面积马铃薯枯萎病,连年土豆歉收,窖存霉烂,导致以土豆为主食的广大底层民众中饥饿蔓延。加之当局赈济不利和大规模驱逐佃农,大饥荒造成约80万人死于饥饿和伴随营养不良发生的各种疾病,以及150万爱尔兰人移民海外。这场灾难在爱尔兰历史上造成复杂而深远的影响。

意图。它间接地显示了乡下小农怎样从他仅有的土地上挣得谋生之计。他靠家人的帮助经营一座小农庄，开片小园子种植土豆和其他菜蔬，既养活了家人，也喂大了圈里的牲畜。之后，牲畜的产出又以其他的食物形式回馈于他。他去镇上只为购买衣服和杂货，面粉和茶叶；去集市是为了卖掉牛犊和马驹，换取最主要的货币收入，购置所有家里不能自产的东西。牛儿卖给了大农庄主、牧场主和运输商之后，小农庄主在交易、商贸和"生意"中的参与活动便告一段落，仅剩下他与店铺老板（近年来还包括乳品作坊老板）之间尚未结清的账目。可以想象，这种谋生方式与外界的联系极其有限，加之现在的农业改革使小农庄主名副其实地成了自己土地的主人，他对来自外界的打扰就更可以充耳不闻了。

到此为止以上都是界外人观察小农庄的方式，这种视角通常让经济学者心满意足。但是，如果我们进一步走入小农庄主的日常生活中去探个究竟，展现在眼前的是一幅更加充实的画面。

小农庄主在做活路的同时还是一家之主，这一事实对于研究人的行为相当重要。爱尔兰农业这一行里，十个人里有八个人不是为工钱和薪金，而是纯粹为了家庭关系而干活的。一个人干的活路以及他发出和接收的农活指令，是在一个社会群体之内形成的。这给了人类学学者长见识的机会。在这个现代国家里仍然存在一种经济形式，其支配人们劳动的因素超过我们所了解的金钱收入、契约合同和个人利益。而懂得这些支配人们行为的因素，可以帮我们至少接触到乡下人生活方式的一个核心内容。

克莱尔郡的小农家庭与全爱尔兰的一样，居住在他们劳作和属于他们的土地上。一般说来，他们的农舍是独栋的房子，立于主人的土地之上，与地产融为一体。这是我们常见的农庄形式，迈岑①称其为独户农庄（*Einzelhof*）。爱尔兰还有许多其他的农居形式：有四周农田环绕类似俄罗斯集体农庄的屯子（*mir*）；有条田式的村子（striping fields）；还有像百纳拼花被似的由不同形状的地块搭界构成的"伦达尔"（rundale）。但是，独户农庄的形

---

① 奥古斯特·迈岑（August Meitzen，1822－1910），德国地理学家，被推认为农村村落地理（rural settlement geography）的创始人。

式显然已经历史性地胜出。总之,不管土地家产的形式如何,小农庄上的一家人都会在此度过他们的一生:睡觉、吃饭、生育、死亡,一切皆于此。每天他们从这里出发去做活路。无论农庄的屋舍与土地是否在外形上融为一体,它们在拥有共同的社会身份这一点上,是确定无疑的。乡下人视农庄为一个整体单元。农庄与在这块土地上劳作的这户家庭同名同姓,两者不可分割地息息相关。

由于牛在农村经济中意义重大,人们自然而然地以"那是多少头牛的一块地"来形容和评判谈话中涉及到的农庄单元。在克莱尔郡,土地的价值按其草场而定,分为三类:放养奶牛的"牧场",用来生长草料的"草地",还有栽种土豆蔬菜的"园子"。在山区,可能还有坑洼不平用来放牧的山坡,叫做"岭地",以及"一小片沼泽",用来铲掘够烧一年的"泥炭"。如果一个小农庄主跟你说,他"有一块四头牛的地",那相当于用乡下人的方式概括了此户农庄的大致情形:即这块地的产出能够维持主人及全家的生活,还可以喂养四头奶牛。一个短语提炼出乡村经济的精华。

一般来说,农庄屋舍的前门开向农院,院子里有圈牛的小屋,还有各式工棚、马厩和牲畜栏,通常与屋舍主体的砖石结构连接。工棚里存放农机、工具、手推车什么的,收获的庄稼和预留的种子也堆放在那儿。几只母鸡和其他家禽悠闲自得地在院子里转来转去,旁边有它们的窝。农庄喂养的一头或几头猪会在院里找个角落过夜。用作过冬饲料的干草垛高耸在院内,不远处是麦秸封口的地窖,里面存放供人和牛食用的萝卜和甜菜头。烧火用的泥炭堆放在屋门边,伸手可及。至于农庄房子的内部,前面一讲谈到西屋时,我们已经进去看过了,不再赘述。

与农庄融为一体的这样的人家,它的所有活动集中于农舍和院子。哪怕家中男性的主要活路集中在牧场、园子和草地上,一年中他们还是要花大量时间忙碌于屋里屋外。我和同事们在克莱尔郡的几个农村社区,对农户的日常作息进行了反复观察,希望通过下面一组速写,让你们清楚地看到其特点。跟着乡下人去做活路,有助于我们了解他扮演怎样的一个角色,是什么决定了这一角色,又是什么让他坚持不懈。我们可以看到角色的支配作用,看到社会角色怎样对家庭劳力加以组织。

农庄家庭一天生活的头件事,落在"家庭主妇"身上。全家起床之前,她把拢烧了整晚的塘火余星,续上新的泥炭块,把火燃旺。接着,她把盛满水的铁壶挂到火塘上方的钩子上,开始烧当天的第一壶茶。铁壶一整天都会挂在那里,因为她要随时为丈夫、孩子和来家里的客人备好一杯热茶。第一壶茶煮好,早餐也摆上了桌,有面包、鸡蛋和牛奶。

吃过早饭,一家人准备开始一天的工作。男人们起身,换上适合当天活路的装束,准备出门。农庄主的妻子和母亲整个早上忙着给家人端饭上茶,直到他们都吃好了才肯坐下来喘口气,现在转身开始忙乎家务。白天里,女儿和年龄小的男孩会帮主妇干活;要到晚些时候,她才有空与他们共享母子亲情。

农庄主妇该做的远不止常见的室内家务;不少活儿需要她在户外干。早饭后,她提上奶桶到外面的牛棚去挤奶。除此之外,一天里她还要往返无数次地进出农院,去取柴,去打水,去喂牲口,喂鸡。挤完奶,她不得片刻歇息,因为把鲜奶打成黄油的一大摊子事由她掌管。当然,用起搅乳桶来,她可是高手。

喂饱了家人后,女主人接下来去喂家里的牲口。个头高大的成年牛马不归她管,但她必须喂饱牛犊、猪和家禽,还要在食料里添加些乳奶和土豆。

临近晌午,她把一只铁锅挂上火钩。这一次里面盛满了土豆,是给家人的午餐。根据季节不同,她会在里面加些卷心菜和一两块培根或腌肉。饭菜备齐,男人们也该从地里回来,急着要吃午饭了。

这一上午,家里的男人们没闲着。作为父亲和丈夫的小农庄主,一清早先把儿子们叫醒,接着去圈上查看奶牛,如果他有马的话,还要去马厩看马,分别给它们填上草料、加满水。如果天气晴朗,吃完早饭他就直接下地去。若天气不好,人被困在屋里和院头,他也有足够的活儿忙乎:垒墙、修理或制作农机的配件、牲口的挽具和手工农具。

早饭后,午饭第一次把全家重新聚拢。缺席的只有上学的孩子们,他们那份午饭要留到下午才得吃。跟早饭一样,女人和孩子要等家里男人吃完才上桌。趁女人忙着盛饭等的空当,大家你一言我一语地争相诉说各自上午碰到的事儿。这是一家人坐在一起聊天和分享你我的主要场合。此时，只有孩子们静静地待在一边；在爱尔兰乡下，懂规矩的孩子少说话。

午饭后，工作继续。妇女的活儿跟上午大致相同。如果日常的活路干完了，还有其他的事够她忙：洗衣服、打补丁、织毛线都得她干。女人的手，从不闲着。

面包是头款主食，每天火塘上的"烤盘"里都有面包在烘焙。一天里的任何时候，主妇们都有可能在烤面包。甚至有时到了傍晚，一家人围着火塘歇息，而她们忙着的最后一件事也许就是在为晚饭烤面包、烧茶水。

"后晌"的四点是乡下人把一天分为两截的节点，这时孩子们下学回到家，先吃饱饭，再被女主人盘问一番，因为孩子是小道消息的重要来源。又过了一会儿，男人们也从地里回来了。他们把牛儿入栏，圈好了准备过夜。女主人把晚饭端上桌，便去牛圈挤奶，把奶桶拎回屋，开始搅乳做黄油。打完黄油，她一天的活儿算是结束了。但她只能陪男人们在晚间火塘边悠闲一小会儿，便起身去照料孩子们，还要织毛线、再烤些面包。总之，传统和谚语有话在先："家中主妇，活路不停。"

屋内和院内的活儿，周而复始，从不间断，几乎不受四季变化的影响。在持续不断的家务忙碌中，精心打理的习惯规律使作为社会群体的一家人有了他们的生活秩序，满足了他们的基本需求。即便家务活儿偶有变动，其范围也很小。有些家务活儿是按一星期的各天来分派的，但没有像童谣《所罗门·格伦迪》的周一到周日那种变化神速。①克莱尔郡一位小农庄主妻子，干起活儿来不乏灵活机动，但她说起每礼拜的活路分派时，描述得却像板上钉钉。"星期一，"她说，"我洗衣服；星期二，熨衣服；星期四，搅黄油；星期五，去市场；星期六，为周末准备；星期日，去教堂做弥撒，然后就尽量什么都不做。"实在话，也只有星期日才能真正改变她一天到晚的辛苦。起码就干活儿而言，爱尔兰乡下人恪守安息日戒律，绝不含糊。

---

① 流传于19世纪上半叶的英国童谣《所罗门·格伦迪》（Solomon Grundy）内容大致为："所罗门·格伦迪，星期一出生，星期二受洗，星期三结婚，星期四染疾，星期五病重，星期六去世，星期日下葬，这就是所罗门·格伦迪的结局。"

农庄宅院以外的"地里"活儿相对不这么刻板。男人们在土地上的劳作范围更大,四季的活路翻新也多,选择干什么的自由也宽。尽管土壤和气候有固定不变的规律,但毕竟不像屋里的家务,把人局限在窄小的空间里,反反复复做着同样的事。

但话说回来,每个季节都有一些活儿是农民必须做的。而且社区的农作习俗和比试心理,对他也有所规范。事实上,他选择哪天播种的自由,不如他妻子决定几点开饭来得容易。相沿成习的传统和前辈的经验,让他铭记哪些日子最适合栽种,收割,耙地,给奶牛交配繁殖,等等。乡下人心甘情愿地落入与他人对垒、竞赛和相互指责的关系圈里,这些关系也有力地将他拉入社区对一年农事活动的部署安排。

农庄的活路在冬季放慢了节奏。寒冷潮湿的冬日里,农舍院墙之外的地里没什么可干。于是,屋里院头各种需要修补的活儿,便落到一家之主的父亲和儿子们身上。就像一天到晚的活儿由女人操持,这每年一轮的活儿属于男人。

从基督降临节到主显节(也称"小圣诞日")是乡下的圣诞农闲,可谓冬天的尽头。①所有的农事活动停滞不动。大家完全沉浸在节日的气氛里,尽情地休憩。屋外,天气变幻莫测,冰凉的雨滴落入湿润的田野。对人们来说,一年休眠了,正在等待新活力的焕发。

主显节的到来没能结束阴雨连绵的日子,却给农闲假期画上了句号。人们的心思已经转向即将开始的一年里最要紧的活路。农民们开始着手准备春播。天空稍稍放晴,他们便去清理沟渠和泄道,备好种子,修整农具。晚晌,邻居串门和家人闲谈的话题无不围绕即将来临的播种和产犊。传统的农作经验又一次在他们中间口口相传。事实上,所有的新计划都在此刻启动,不久后的忏悔节正是说媒和结婚的喜季。②

---

① 基督降临节(Advent)一般在圣诞日(12月25日)之前四个星期的星期日纪念,即11月下旬。主显节(Epiphany)落在1月6日或新年后的第一个星期日。

② 忏悔节(Shrovetide)原是基督徒内省忏悔的日子,在大斋期(Lent,通常在二月)开始的前几天中进行。人们应在此时收敛,用尽肉油禁果,准备斋戒。现代的忏悔节的最后一天为"烤饼日"和狂欢节。

2月1日的圣女布里齐特节①标志着春天的到来。因为圣女布里齐特向人们保证,从这天起每两日天空肯定会放"晴"一回。晴朗天气的回归,带来习习清风,预告田野的逐渐回干。接下来的二月和三月里,园子要翻土,土豆要种下,牧场也要做好迎接牛群回归的准备。每个"放晴"的日子都备受农民的喜欢,因为在干了的地里农活儿得以继续。等到圣帕特里克节②来临,克莱尔郡的人会说,所有的土豆都该"下到地里去"了。虽然此后仍有不少活儿要做,但最糟的天气已经结束。圣帕特里克向人们保证,在此之后天天都是干爽的日子。

春天余下的时间里,农活进入了最紧张的阶段。土豆一定要中耕,根茎要"入土";其他的茎类植物也要"栽下"。三月和四月是牛犊出生的季节,挤奶的工作量开始明显增加,制作黄油也迫在眉睫地忙起来。这之前的二月和三月里,"壮观的春季畜产品集市"拉开了帷幕,乡里当年的成牛买卖交易必须在此进行。

随着天气渐渐转暖和土地"放干",爱尔兰的夏天开始了。五月通常是夏季的第一个月。很快,湿软的沼泽地变得足够硬,人们开始铲挖泥炭用作一年的燃料。块状的泥炭整齐地码放在沼泽地的边缘,暖暖的夏日阳光把它们晒干晾透。

泥炭铲好、堆放整齐,农民辛苦劳动换来的第一批果实开始入季。首茬成熟的是乡下人最早用零敲碎打的时间种下的卷心菜。说真的,卷心菜此时差不多就是他们盘里唯一绿色的食品了。时至今日,老一辈人仍会把六月或七月记为"饿肚子的月份"(*an chabàiste*③),因为过去每逢这个季节土豆迟迟不熟,他们都得仅靠卷心菜度日,陷入长达一个多月的半饥饿状态。现在,新品种的土豆进入六月便成熟出土了。然而,土豆的成熟还不意味着收获季节的到来,人们只是在必要时用铁锹和铧犁把它们翻出,摆晾在田垄上。

---

① 圣女布里齐特(St. Bridget)据信为5—6世纪爱尔兰的一位虔诚信仰上帝、一心扶贫救疾的修女,被民众供奉为守护神。
② 圣帕特里克(St. Patrick)据信是一位五世纪在爱尔兰成功广泛传播基督教的教士。为了纪念他,爱尔兰人把他逝世的3月17日定为圣帕特里克节,也是爱尔兰的国庆日。
③ chabàiste是爱尔兰语"卷心菜"的意思。

第一个真正意义上的收获,或者说一年里最重要的收获,要数收割牧草。割草始于七月下旬或八月上旬,是一场与时间和雨季的竞赛。人们必须拼尽全力割草、耙草、晒草、堆草;先在地里把干草堆成一个个小堆,然后拉回家在农庄院子里堆成高大的草垛。所有一切必须要抢在大雨之前,以免茂盛的牧草被打湿后沤烂在地里。农民们形象地称收割牧草是"救草"。

第二茬收获的是玉米、燕麦和黑麦。接下来九月、十月和十一月要把所有其他的根茎植物收到手,甜菜和萝卜必须"拔起"。另外,沼地边那些码放晒干的泥炭块,必须拉回农庄院子里来。为家人和牲畜安稳过冬的一切,也要准备就绪。此时的秋季集市把牛畜的买卖交易再次推向高潮。然后,随着最后一个集市关闭,冬天又来了,基督降临节也如期而至。临近十一月底,农民会把园子用犁翻一遍,为来年春天做好准备。当他跟着铧犁走在沟垄里,他会回顾过去的一年,并满怀期望翘首新一年的开启。

虽然一年到头的活路呆板重复,虽然大部分园子、牧场和草地里的农活年复一年地跟随小农庄主从儿时直到终老,但男人的这番辛苦,还是要比女人的家务要来得自在些,花样也多些。我们必须记住两者之间的这个区别。它反映了男女两性在劳动组织上重要的二分现象。

即使当一家人作为一个整体单元干活儿时,男女之间的分工显而易见。在我们刚刚描述的农活年轮周期的每个重要节点上,全家人总是齐心合力完成该干的农活。无论是种土豆、铲泥炭还是收牧草,一家人干得协调一致。即便是年幼的孩子,也会随着家庭劳动的节拍,做出他们的一份贡献。但女人的角色是分开的。她的活儿是辅助性的,不那么复杂,也不那么累。重活和发号施令的角色都归男人。铧犁、耙轮、割草机、钐镰、铁锹和用来挖泥炭的铲子(*slán*),在人们眼里都属于男性化的工具。乡下人的观念禁止妇女使用它们。同样,如果有男人对妇女的活儿感兴趣,譬如养鸡或搅黄油什么的,他们也会一哄而上,狠狠地嘲弄一番有这种想法的人。

久传民间的说法,对男女有别大加渲染,说妇女会给男人的活路带来不吉利。如果男人在去集市的路上碰到女人,肯定凶多吉少。同样,男人对女人干的活儿也构成威胁。如果女人正在搅黄油,男人手持点燃的烟斗走到屋外,他很有可能借仙子的魔法"把黄油顺走"。

不消说,在这个二分法中,男性领域的社会价值更高一筹。但是二分法并不意味贬低一方。男女角色相辅相成,两者的技能是不可或缺的相互搭配,农庄家庭要想过得好,必须兼而有之。正因为如此,双方是互惠关系。双方都有权利期待对方做好属于他或她的那份活儿。一个好丈夫是技能娴熟的农民;一个好妻子是心灵手巧、心甘情愿的管家婆和田间农活的帮手。一家人过日子,就是不断巧妙地协调这些互惠角色。克莱尔郡中部的一位小农庄主就是这样向我描述这种搭配的:

"有些事我想告诉你,你可以记在脑子里,然后带回去。[在爱尔兰]① 小农庄主必须要有个精明的老婆,不然他撑不了多久。兴许他开头还能凑合几年,但那之后,就不行了。就拿孩子们穿衣来说吧……如果她知道怎么买布料,会做衣服,那能省不少钱。精明的女人会有一千个法子去挣钱。"说到这里,他妻子打断他问道:"那种地怎么办呢?""那不打紧,"他接着说,"但要是没个好老婆,他坚持不了多久。该给儿子娶媳妇的时候,当爹的要找一户女主人既勤快又会打算的亲家,因为她已经教好自己的女儿怎么理家,那可是求之不得的。"

在这里,我们看到一个重要的支配因素。男女之间的劳动分工来自共同利益和相互责任这一更大的背景,体现了家庭里夫妻关系的一个功能。

不仅如此,乡下人对待男女活路不同的态度说明,他们把男女各自擅长的本领视为农村男女整体特征的组成部分。我们可以看到社会观念在这一点上有力地影响着人们的思维方式和习惯用语。例如,乡下人嘴里经常冒出来的一个词是"自然"。所以,女人"自然"是挤奶专家,瞧她那双小手就是证明。相反,如果一个男人为卖鸡蛋的事操心,那就是笑掉大牙的"不自然"的事。男女分工也深刻体现在传统故事里。洛克村至今还流传一个陈年笑话,铁锹是男性工具,据说很久以前它都是主动地干活的,直到一个妇人忘了对它说"愿上帝保佑这份活儿",打那以后铁锹就不再主动了。民间魔法在这点上也鼎力相助,据说利用公认为男性工具的"铧犁刀片",便能索回仙子偷走的黄油。

---

① 全部译文中所有的方括号[ ]均为作者所置。

按照性别分工劳动,还不是乡下农活分工的唯一重要模式。根据年龄实行的分工同样重要。在男性领域里,男性家庭成员之间的技术分工有所不同。女性劳动的范畴里,也有相似的分工区别。

让我们来看看男人们怎么干活儿。做父亲和丈夫的一般是小农庄的拥有者和决策人,掌控农庄和收入。在社区里,这户农庄以他的姓名为人所知,其儿子也被大伙称作"他的男孩"。给草地排水或在集市上卖牛,尽管儿子们早已成年,他们依然要在父亲的注视下做事,必要的决定全由他来拿。

但父子关系远远超过单纯的经济关系。也许描述这一关系的最好方法就是回顾它的发展过程。家庭是一个生产单位,孩子是其中一份子。他长大的同时也是在学徒。他习得的农活技能使他名副其实地成为所属阶层的一员。但技能和非技能的教诲之间,没有区别。他所学到的一切最终只为一个目的,即以自己的名义成为一个小农庄主-丈夫-父亲。

父亲在男孩眼里是农庄的主人、经理和壮劳力。父亲的表率让孩子懂得哪些是男人该干的活儿,并学会重视做这些活路所必须掌握的技能。父亲的谨慎持家还教会他怎样妥善平衡家务需要和农事需求之间的关系。当然,他学习这些本事的环境可谓狭窄单调;在父亲的监督下,他必须严格按照民间习俗、格言谚语和乡民认同的正确的传统方式来做活路,不可越雷池一步。但通过榜样效仿、同伴比试和亲身实践,孩子终于学有所成。

这是多年日常经验的积累过程,一点一滴地孕育在传统的社会生活中。男孩学会说话走路后不久的第一份活儿,就是到邻居或附近朋友那里跑差。不满七岁和在领受第一次圣餐①之前,他在宅子里的位置是和女性家庭成员在一起,晚上跟姊妹们睡。七岁之后,男孩离开母亲的裙带,开始慢慢靠向男人活动的圈子。他越来越多地和哥哥们混在一起,并搬到他们床上去睡。按照一些偏远地区的做法,穿女童衫可以保护小男孩免遭仙子的恶作剧;而到了这会儿,他终于第一次脱下了女儿装。从社会和经济两个方面来看,他都开始成长为男人,但他的男性地位依然甚微。待他到了十岁或十一

---

① 在圣餐礼(Communion)上,基督信徒接受面包和酒以示对耶稣的虔诚。

岁,每逢重要的农忙季节需要人手,家里便会喊他从学校回来帮忙。直到他接受了坚信礼①并从学校毕业——这两件事通常同时发生——他才正式干起男人的活儿,换上正儿八经的男人装束。然而,即使他已成年,已担当起农庄上越来越多的重体力活,却逃脱不了父亲的管教。只有当父亲去世或他自己结婚成家,农庄才会转交到他手上,他也才能真正说话算数,获得完整的成年男子身份。

所以,经济意义上的学徒经历其实也是在家庭中被造就成人的过程。经济范畴与非经济范畴,两者密不可分。父亲在农庄经营上发号施令,与他身为一家之主和成年长辈的权威角色,浑然一体。男孩在学习做活路的同时,学会了怎样成为男人。

另一方面,男孩长大成人所在的农庄家庭,是社会生活的综合体。儿时他被呼来唤去做的小差事,是他与父母和兄弟开始建立社会关系的小片段。这其中,他不仅学会怎么干活跑腿,并且在前辈的亲自指点下,懂得了做事的规矩,习得了他们那个阶层的待人接物,而这正是他们之间关系的一部分。行为规范无所不在,这包括从他为家里长辈跑腿办差,到学会祷告,到培养起各种社会情感,懂得任何与性有关的行为是冒犯,而一旦发生在家庭成员之间,便是乱伦。

不言而喻,在人与人关系紧密的家庭里,父亲(和母亲)对儿子在农活上的指派,只体现了他们支配权力的一方面。只要父亲活着,儿子对他的服从便没有止境。尽管农庄上大部分的活儿已经转交给这个儿子和他的兄弟们在做,他们依然没有权利安排农活,也不能处置农庄的收入。需要强调,这个儿子和他所有的兄弟们在绝对服从这一点上,平起平坐。爱尔兰农村既不承认长子继承制,也不讲幼子特权。只要他们还在农庄家里住,所处的地位都一样。

体现这种父子关系的行为,随处可见。从 10 岁或 12 岁起,儿子们就开始跑集市,但他们从没做过一笔买卖。地方市场里,经常可以看到父亲和几个儿子并肩而行,但开口讨价还价的只有父亲。父子的处事态度,也顺应了

---

① 经过坚信礼(Confirmation),年轻的教徒被正式接纳为教会成员。

这一关系。在克莱尔郡的土豆集市上，我曾就此事向一位农民请教。他解释说，他不能离开他的摊位过久，因为众人还不太熟悉他那成年的儿子，儿子做买卖也还嫩些。在洛克村或克莱尔郡的其他社区，如果一个儿子需要半克朗硬币去看场曲棍球比赛，他必须向父亲要。尽管他可能在农庄之外已经有了一份收入，在路上拉活儿或打短工什么的，但只要他还住在农庄上，就要把全部收入交给家里。我在洛克村看到土地划分工作进行时，经常是年老的父亲走到发放薪水的窗口前，把儿子们挣得的工钱领走。

你们可能会说，这些听起来很耳熟啊，世界上所有成员关系密切的农村家庭不都是这样的吗？的确，是这么回事。但我们容易忽视眼前熟悉的东西，容易忘记：比起那些稀奇古怪的事，生活中这些习以为常的事往往更富有重要的含义。在爱尔兰乡下，我们不能低估那些熟悉的东西，因为这些家庭生活元素蕴含的意义，是我们人类学探索途上的路标。

在乡下，儿子对父亲的这种服从，不是渐行渐弱，而是恒定不变的。只要老两口还没把农庄交给儿子，哪怕儿子已经45岁或50岁，在农庄上干活时或在乡间习语里，他依然是个"男孩"。1933年，爱尔兰众议院的一位议员，无意中用了乡下人的这一习惯称呼来表述农村现状，被都柏林几家咬文嚼字的精英报纸大大地嘲笑了一通。当时，这个议员请求在土地分配问题上，照顾一下"45岁及以上的男孩们"，那些除了眼巴巴地等着继承父亲的农庄，前景一无所有的男孩们。在这个例子里，"男孩"不是一个生理阶段而是一个社会地位。一位农民向我发牢骚，一针见血道出整个问题的关键所在。"只要老头子还活着，"他说，"你会永远是个男孩。"

倘若这里有更充裕的时间，我们应对这层关系进行深入研究，了解它的情感内容，了解父子之间的尊敬和骄傲。爱尔兰农村可能更看重严厉的父亲，而不是娇惯孩子的爸爸；一位农民父亲引以为傲的，也是有壮实的家庭继承人和能干的农庄帮手。父子之间可能没有外露的友情和亲密，但在彬彬有礼和简单生硬的态度后面，蕴藏着触动双方更深层的情感脉动。富于同情且易于宠爱孩子的爱尔兰母亲，自然站在不苟言笑的父道的另一端。她在感情上起着平衡家庭成员之间情意交流的作用。如同农庄的经济活动不能没有母亲，如果没有她来维持情感交流，家庭生活也难以为继。弗洛伊德或许能向我们解释人类的关系结构为什么会产生冲突,但对于这套关系结构同时还能产生感情力量的平衡,这更为重要、更显而易见的一点,他却几乎只字未提。

　　这个平衡是完整的社会有机体的健全所在。长期处于男孩地位的乡下人通常并不反抗;尽管经济上的尚未独立会时不时地令他苦不堪言,但他不能视其为不公道。这种依靠本身也是健康平衡的产物。因为他有期可待,有景可瞻;父母对他负有义务,为此他可以等待。他们之间的感情纽带坚固牢靠,没有可乘之机将其涣散。在与其他社会经济单元的竞争中,家人之间的团结合作变得更加强大。乡下那些永无休止的小打小闹:因为路权、地界、排水、牛儿误闯他人田地,等等,远不止仅为保护自家财产那么简单。地方法庭处理此类案件时,听到的最典型的开场辩词便是:从双方"祖父"那辈起,这事就"开始"了!全家人齐心协力,在一致对外时显出排山倒海之势。在克莱尔郡乡下,每逢发生村民武装抵制警力驱逐农民的事件,人们便会诙谐地说,那是"在为蒂姆·弗拉纳根的所有权辩护"。当年,蒂姆·弗拉纳根带领十个成年儿子经营自己的农庄,再牛的警察也不能轻易把荷枪实弹的十条大汉赶走。契约条款写得再清楚,不如一群儿子和兄弟对所有权的佐证。

　　所以,对农庄活路的支配是对一个社会群体即家庭的掌控。在农庄上干活的乡下人,并不真正在意一般性的经济活动分类。他可能是精明绝顶的商人,或是技能无双的农夫,但他首先是一个家庭的男人。给予他职业地位、决定他干活方式、激励他去做的,是一整套社会观念,出自他所属的那个社会群体里各种利益和相互义务的协调与平衡。

　　我们可以检验这个结论。比如,乡下有许多小农庄是由所谓不完整家庭在经营,包括未出嫁的老闺女、单身汉、鳏夫、寡妇。他们作为农庄的拥有者掌控农庄。例如,一个寡妇会得到某位男性亲属——兄弟、侄子或儿子——的帮助。这位男亲承担起本该落在农庄主-父亲角色身上的活儿。虽然寡妇有权决定怎样消费和如何处置农庄产品,但是在典型男性活动的经济范畴里,譬如在牲畜交易市场上讨价还价、买牛或卖牛,归根结底还是要靠男人。我了解到这么一回事,一个"无地"的年轻人成功地为他姑妈向土地局申请到一份附加地产。全靠他的成功交涉,事情才办妥。村里的众人反应强烈,这晋升了他在村里的社会地位。总要有某位男性来代表他姑妈和她的财产与外界打交道。如果是单身老汉的家庭,会有一个侄子搬来住,担起农庄上的活路,但掌控仍在老汉手里,包括侄子到外边散心需要的零用钱。在鳏夫带一个幼儿的情形里,小儿送给膝下无子的姐姐抚养,由她把男孩带大,继承她丈夫留下的农庄,而她那丧妻的弟弟可以再娶。还有两个独身的婆婆,她们一辈子都住自己的农庄里,活路全交由她们的堂兄弟打理。

在乡下人眼里,这样的安排固然有时经济效果不错,但毕竟是凑合,当事人值得同情。旁人发出的怜悯之词,时有听到:"她过得太苦了,只有一个弟弟,没有丈夫帮助她",或者"那老头孤零零的,只有他儿子自个儿在地里干活,可怜见的家伙"。如今,就连政府官员也意识到一个完整家庭的社会价值。父亲、母亲和几个儿子齐全的家庭,在土地分配中优先安排,为的就是巩固家庭这个社会群体,个人的发财致富和土地的有效利用,自会伴随而来。

到目前为止,我好像把乡下人描写得远离众人,只管忙乎自家的活路。在某种程度上说,一点不错,他首先要尽责的就是他身边的一家子人。然而,还有相当一部分活路是在农庄之间进行的,不少这样的默契合作是非正式的。事实上,爱尔兰乡间的劳动,处处充满了你来我往的互惠互助。

合作有多种多样的形式。男人之间互借工具,或者用自己的农具为"朋友"和邻居干活,这在割草、春播、耙地、耕地时尤为常见。碰上有亲朋好友需要人手赶着完活儿,他们会送家里一个男孩过去帮忙。主妇们在搅大桶黄油时,也经常把资源凑到一起干。如果哪家屋里家务活儿紧,主妇会让个女孩过去帮忙。谁家遭遇不幸,或经济拮据,或庄稼晚熟,"朋友"和邻居都会施与援手,送去的礼物包括牲畜、食物和劳力。互助合作还表现在村里人一起搭伙儿干活,特别是在铲泥炭、收燕麦和脱麦粒的季节。所有的这些情形里,主要的活儿都是那些被父亲出借的"男孩们"完成的,当然必要时做父亲的也会伸把手。最后还要提到,凡是庆典仪式和社交场合,乡下人你来我往的互惠相助也极为频繁,诸如受洗、婚宴和葬礼。

在以前，互助合作的方式还要更多。上了年纪的人记得，那时"一旦你有了一匹马或一辆车，便有四十或五十个人跑来帮你铲泥炭"。割草机出现之前，十个或更多的"朋友"会相互帮助，挥动长柄钐镰，割完一户的草场再帮下一户。靠着这个方法，单个农户的微薄资源汇集起来，大家的活路都得以完成。如今，小农庄主的生活好多了，急于求助伙伴的事也少了。但他没有忘记他们。除了已经放弃农民生活转去追求商品农业的大农庄主，小农庄主们依旧会依靠，也确实需要依靠亲朋好友。只是现在合作的组织规模小了，而使用的农具更现代、更普及，可动用的资源也更充足了。

出借个"男孩"去别家帮忙是最普通的合作形式，随时可见。而像收割干草这样大规模的农忙活动，最能体现农户之间的合作。我第一次碰到，是在发现西屋故事的洛克村。1933年，这里的收草季节来得早，七月中旬开镰。当时老天作美，和暖干爽的天气连续几日，催熟了牧草。有迹象显示，晴爽的日子还会继续一阵。于是，洛克村的家家户户摩拳擦掌，开始了"抢救牧草"的行动。他们先把牧草全部割倒，就地摊开晒干，然后起堆，先拢成小堆儿，再把它们垒起，聚成几个六到八英尺高的大堆。几周后，所有的草堆拉回农院，合成一个巨大的皁垛。收草关键就是要割草、晒草、堆草一气呵成，唯恐在这期间降下大雨坏了事。

人们对各家的收草进度都兴趣十足。聊天的话题除了天气和牧草产量没别的可说。男人们兴致勃勃，争相干得又快又好，一片你追我赶的竞赛氛围。女人们的心情同样迫切，她们把孩子带到草地边照看，一边紧随割草机把干草耙拢。

大约一半的农庄有马拉割草机。有割草机的人家天一亮就开始收割自家的草地，直干到天色黑尽。一起帮忙干活儿的除了自家的儿子们，还有来自没有割草机家庭的男孩们。他们参与收草的每个阶段，一天三餐也跟这家人一起吃。

自家地里的草刚一收完，有割草机的小农庄主立即转身还付人情。他把割草机拉到送男孩过来帮他的那户人家地里，开始收割他们的草。有位年纪还轻的小农庄主一天之内就连续给三户人家割完了草。还有一位割完自己的草地之后，又去到另外两户的地里割。洛克村有几户人家劳力充足，收草不需要额外的帮手。但也有五户明显地短缺人手,割草堆草花费了好几天,却没人去帮。其中两户是独居的单身汉,还有两户是"陌生人"。

收割牧草对于这样一个地方小社区,算是很重要的农事活动。农庄之间互相帮助实现了超越单一家庭经济的高效合作。但这次抢收可不是特例。洛克村有记忆以来,多少代人都是如此。事实上,从七月下旬至八月,整个克莱尔郡的小农人家都在忙里忙外地一起干活儿。

这样的劳动合作不涉及金钱。洛克村周边的所有土地上,唯一拿工钱干活的是给拥有 300 多英亩土地的养牛大户割草的雇工。这位大农庄主不参与合作;说真的,他的整个生活都裁剪自完全不同的材料。

互助合作的做法深深交织于乡下人的习性和情感之中。我们询问村民生活状况的话题,很快引出这生活赖以依存的基础。问到谁,互助合作都少不了牵扯出三代之内的家庭关系。甭管是在自家农庄上干活,还是与旁人合作,乡下人终归首先是家庭男。就说这位叫凯里的吧,他先给莫洛尼家的丹尼斯和谢默斯割草,接着又给布赖恩·麦克马洪家割,而他与这几位都是隔代的堂兄弟。彼得·巴雷特前去帮助割草的两户,一个是他亲堂弟,另一个是他侄子家。同样,来到凯里的和巴雷特的草地里帮忙的"男孩们",也都是他们的亲戚,是他俩随后赶过去帮助割草的那几户人家的儿子们。

这样的互助合作遍及整个村落。没人为所有的亲戚割草,没那个必要。但也有人不为亲戚割,倒跑去帮一个交情好的朋友。反之,那些没人帮的单身汉,以前也未曾有能力帮助过别人。两个分别在 50 年前和 30 年前搬来洛克村的"陌生人",跟"这边"谁都不沾亲带故,也均不在互助之列。

洛克村的小农们用乡下土话解释这种合作,称其为"搭伙"(cooring),在爱尔兰语里是 comhair 这个词,意思是援助、结伴和联合。他们解释"搭伙"时,强调当地普遍的"友好"环境,回答我们说,他们"有权帮助他们的朋友",或简而言之:"乡下人就是非常友好,他们从来都相互帮助。"

这里所谓的"有权"和"朋友"都是地方土话。像内涵丰富的英语方言一样,这两个词是历史悠久的地道方言,传递了盖尔人的习惯成语含义。"朋友"即亲戚;"有权"表示义务、责任,以及合乎传统的做法。它是英语化的爱尔兰语词组 tá cóir orm,意即"我应该的"。乡下人把他的助人行为解释为传统互惠的情感和职责的一部分,也正是这种互惠构成了他的亲属关系体系。

当你听乡下人一字不差地用同样的话陈述对亲属应尽的其他传统义务时,对互助理解的印象会更加深刻。婚礼和葬礼上的帮扶和尽责,在乡下人眼里,与干农活时的合作是一回事。比如,我熟识的一位小农庄主这样说他的堂兄:"约翰尼是我们最好的朋友;我们跟他直来直去,不必客气。有一回,他给我们送来一头奶牛和一只犊子,值12英镑,不让我们付一个子儿。"接着他概括说:"在这边乡下,每个人的朋友对你都很友好。他们借马给你,还捎带草料。你去市场,他们会叫个男孩跟你一块去。你家有人过世,他们就派人过来帮忙。"遇上婚礼或守灵,人们会尽亲戚应尽的那份"友情",过来帮厨做饭,招待客人,挖墓穴,抬棺柩,为死者恸哭。这种做法是互惠的;"友情"意味相互的义务。一位老乡向我解释他参加隔代堂兄葬礼的理由:"我有权去,他们也总是来我们这边。"洛克村有人的妻子去世了,当事人的妹妹便过来把孩子接去抚养,她做的是"友好"情分之内的事,"有权那么做"。还有人以同样的理由"直截了当"地向妹夫要求借用他儿子,帮着把牛儿赶到集市上去卖,因为做妹夫的"有权"这么做。

现实生活中,不按"友好"义务的规范行事,会招来受损一方亲戚的惩治。前面第一讲里提到的老头的诅咒,说明了这点。在克莱尔郡距洛克村几英里外的地方,有个小农庄主疏于打理自家的园子,还强迫岳父送成筐的土豆过来养活他老婆。结果,一天半夜在他家屋里,怒气冲冲找上门来的一帮亲家把他打得鼻青脸肿。一般来说,不尽分内的义务容易导致关系上的疏远;当事人会遭到整个社区的唾弃。如果一个人接二连三地不尽其责,只能走向社会关系的死路;没人愿意搭理不明事理的家伙,哪怕是个"朋友"。

然而,义务也会让人被社会关系困住。义务的范围很广,包括相互串门聊天、款待客人,都是乡下人很看重的礼数。遇到老乡赶路进城、跑集市买卖,或者晚响串门碰头(cuaird),"一口茶"是必定要"备好送上"的。义务还使友情表达和休闲娱乐有了固定规律,因为老朋友在酒馆附近邂逅,总要进去相互款待一番。说真的,有位老农跟我抱怨,说他最怕赶集的日子,他不得不把赚来的钱和朋友们喝光。当然,也有人在尽义务这方面要做得聪明些。

　　最后要说的是,亲属之间的义务在灾难面前绝对是坚固的堡垒。前面提到,约翰尼得知亲戚急需用牛,便即刻将其送了过来。如果你读过描写布拉斯克特群岛生活的《岛人》一书,①一定会记得那个岛上的年轻人最终没能迎娶他心仪的姑娘,因为姑娘来自大陆,而当他在岛上需要人手帮忙时,姑娘能召集的朋友们却遥不可及。了解了围绕亲属关系而形成的互助责任体系后,乡下人抵御外部破坏和应对内部灾难的顽强力量所在,便一目了然。

　　在这一讲,我们跟着乡下人走了相当长的一段路。通过观察他如何做活路,我们开始能够识别他特有的生活方式的大致轮廓。乡下人是自给自足的小农庄主,即我们现在称为农民(peasant)的人,但他不仅于此。他属于一套精妙复杂的社会体系,这个体系通过明确的社会途径规范他的生活,回报他的努力,激励他,也对他施行惩罚。古老传统习俗在民间传说的环绕下,在这个体系中占有一席之地,男女分工就是一个例子。但传统还不是这个体系的全部秘密;它富有生命力,具有自身的平衡机制和生长机能,由男女之间的行为和情感所构成。农庄上的活路仅是人们之间关系平衡的模式之一。下面,我们要看看这个结构究竟是什么,它又是如何维持自身的。

---

①　《岛人》(*The Islandman*,1929)是在爱尔兰布拉斯基特主岛(Great Blasket Island)土生土长的作家托马斯·奥科罗汉(Tomas O'Crohan,1856—1937)的自传体小说,真实生动地描写了岛上人们的独特但已消失的生活方式,被誉为爱尔兰文学经典。

第三讲　家庭与土地

平衡、模式、体系、结构，这些术语似乎很唬人，而且显得过于沉重乏味，不够恰如其分地表现乡下人的真实生活方式。再不然，就是听起来过于正儿八经，有悖于所要表现的人与人之间的亲密交往行为。但可惜的是，没有比这些词汇能更好地表达社会生活中流动着的现实。我并不是说，其他的词汇不能传达同样的意思。我只是说，人类学学者不能使用它们，因为渗透于其他词汇中的感情和情绪，正是人类学学者要冷静剥离和剖析的。其他的词汇对于爱国者和诗人来说，神圣至上；而对于尚未入行的人，则是禁忌。

上一讲中，我大概过了一遍爱尔兰乡下人如何做活路。在为他设计的生活和农活中，他找到了自己在所属群体中的角色。他从事的活动、做事的动机以及得到的回报，在他所熟悉的、与群体成员的相互期待和相互依存中形成，构成了他的家庭模式。乡下人在农舍院落以外的大量活动，来自亲属关系体系里你来我往的互助帮衬。以我们旁观者的视角看，他是人际关系平衡中的一个单元。肯定，他可能永远不会这样看他本人。对他来说，自己不过是个诚实可靠的"朋友"，忠心耿耿的儿子和兄弟。我们客观看到的关系平衡，对于他来说是源于身心的直觉本能。

现在我面对的问题是：这个平衡怎样得以维持？对于乡下人，平衡意味着什么？其实，变动中保持平衡的支点是婚姻。在前面讲到的西屋的故事里我们看到，让西屋灵光闪烁、意义非凡的原因，发生在作为家长的这对夫妇换了人，家里的"男孩"成人而立，娶了媳妇，继承了农庄。这一关键性的重组涉及家庭和土地两个部分。

爱尔兰的农村婚姻遵循古老而广为流传的做法，叫做"相亲"（matchmaking）。它类似几乎遍及欧洲的权宜婚姻（*mariage de convenance*），需要经过双方父母的磋商，需要彩礼。在爱尔兰，相亲的重要性非同小可，乃至成为了农村社会组织的决定性节点。

要想说清相亲是怎么回事,我们需要全身心地沉浸到乡下人的生活方式之中去。相亲包含了好几件事。它一气呵成地完成了经济支配权的交接和儿子成人的晋升。在爱尔兰农村,这是唯一受人尊敬的联姻方式,也是财产继承的通常途径。相亲蕴含在盖尔语汇里,在日常笑话、故事里,在民间传说中。

当一位小农庄主寻思给几个儿子中的一个讨个合适的老婆时,相亲就启动了。成婚的这个儿子将继承农庄。从儿子里挑谁娶亲,农庄主全权说了算。一百年前,也就是大饥荒、驱赶佃农、土地改革这些大事件发生之前,所有的子女都可指望靠家里的土地谋生。时至今日,人们仍然憧憬那样的理想,但不过是想想而已了。人们已经不能把家里的地产分割得更小,而新的农庄又很难搞到。总的来说,今天的农庄主只能有望让一个儿子"在土地上安家"。

克莱尔郡中部的艾纳村(Inagh)的一位小农庄主告诉我说:"开始留意找对象的小伙子,都是通过朋友圈去找适合做妻子的女子。全靠友情,靠朋友牵线,靠在酒馆里见面。"回想前面一讲的内容,我们不难理解他的意思。结婚不是个人想怎样就怎样的私事;所有的亲戚朋友都会伸手相助,甚至直接推荐候选人。

这位农民接着说,"小伙子先派个'说媒的'到姑娘那边,打探她有什么财产,娶她合不合适,她本人愿不愿意嫁给这个叫施罗夫的?姑娘和她的朋友们也会向媒人询问,小伙子人品如何?和气吗?稳重吗?如果她们觉得男方合适,就会告诉媒人把事情'定下来'。于是,媒人回到小伙子家这边,着手安排在某个地方、某天晚上让双方见面。之后的事就看着办了。"到此为止,微妙的协商过程的第一步就算顺顺当当地迈出去了。

艾纳村农民继续说:"到了约定的那天晚上,媒人和小伙子还有他的父亲一起去见姑娘的父亲和他的亲戚朋友,或许未来亲家的儿子和女婿也在场。第一轮酒由小伙子请客;第二轮由姑娘的父亲请。

"女方父亲会向媒人了解男方的财产状况。他会问,这家的土地能养几头牛?几只羊?几匹马?园子里都种了些什么?水源充足吗?泉眼多吗?农庄是远离大路,还是紧靠路边?农庄的房子用什么材料盖的?石板还是茅草？其他的屋舍和棚厩可好？石板的还是茅草的？如果农庄离大路太远，做父亲的不会答应。贫瘠落后的地方长不出摇钱树来。他还会问，那地方距离礼拜堂和学校可近？距离镇子近不？"

艾纳村农民在这儿稍做停顿。他刚才一口气概述了一个相当长并且颇为重要的协商过程。

"是啊，"他开始切入话题核心，"如果农庄不赖，既靠近道路又养得起八头牛，男方肯定开口要 350 英镑的彩礼。而女方的父亲会提出 250 英镑。然后，小伙子的父亲可能同意让出 50 英镑。如果姑娘的老爹仍然坚持 250 英镑，那么媒人会将提议相差的 50 英镑一分为二，彩礼就成了 275 英镑。这时，小伙子会说，非 300 英镑他不娶，除非，姑娘性情温顺又会持家，如果真是那样的话他倒愿意考虑。于是，又是酒过一巡，小伙子请完，姑娘的父亲再请。就这样，你一轮我一轮，直到双方喝得都快醉了。这一天，媒人的收益不菲，过得很开心。"

说到这里农民再次停顿片刻；相亲进行到这会儿，真是顺风顺水。"所有这些都在一天完成，"他接着说。"接下来，他们约定个地方让这对年轻人见面，正式介绍。姑娘会带上她的朋友一起来，可能是闺蜜，还有兄弟、父亲和母亲。小伙子这边带上他的一帮朋友还有媒人。

"如果彼此都觉得合适，他们便选个日子一起来看地。如果不合适，谁也不会讲对方什么，只是说他或她不合适罢了。他们不会明说具体什么地方不对头。

"女方家人来看地的前一天，男方家要宰鹅，墙也要刷白，威士忌和波特啤酒都要备齐。所有的奶牛早早地就喂过一遍，好让它们看起来壮实。如果必要的话，他们可能会从哪儿再拉来一头。"说最后这句时，这位农民偷偷地笑了，佯装拥有比实际情况更多的牛，在商榷彩礼时是不公平的小把戏。

"第二天是走地的日子。小伙子待在外边的路上，派他最好的朋友领着女方的父亲在农庄的土地上四处走走，到处看看。但他心里有数，好朋友不会让对方看到差的角落。

"如果姑娘的父亲喜欢这块地，就会转回来。接下来是大吃大喝的宴席，直到夜幕降临。次日，他们一起到律师那儿，把双方的协议写成文字，由男孩的父亲签字画押,将土地转交到儿子手上。"签约收笔,相亲就算大功告成,下面可以着手准备婚礼了。

这一大段陈述涵盖了媒妁之言的所有精华,可以用作相当不错的相亲指南。这场精心策划的商榷涉及了多方的利害关系。在我们眼里,这样赢得一个妻子的方式实在有失浪漫,充满了生意人讲究实际、精打细算的浓厚味道。首先考虑农庄和彩礼,而把对方的个人魅力置于次之的这种事,我们会觉得俗气。

如果这样判断乡下人,我们就大错特错了。促成他娶妻和满怀期望的情感与我们的不同。要想理解这一点,必须考虑到与其相对应的环境背景。相亲涉及两个家庭所有成员的切身利益,这些利益又通过相亲这一习俗得以表达并实现。我们容易忘记,鲜活的传统习俗也会让人开心愉悦;甚至能比放纵不羁的叛逆行为带来更多的快感。

就拿刚才的例子说吧,这位农民简洁概括的这场热烈而正式的讨价还价,其意义深刻。它成功地在两个家庭之间建立起必要而均衡的平等。表面上看,它好像仅仅是在巧妙地调整农庄和彩礼之间的价值,但仔细想想,它确保了好几件事。

首先,女方家了解到,姑娘嫁过去不会缺吃少穿。"去地里走走"的那一趟,让他们对此有了把握。另外,他们确认了他们在乡间的社会地位毫发未损。彩礼和农庄必须在价值上大体对等。按照乡下的名望排比,一座农庄的价值高低,取决于这户人家嫁女儿时交付的礼金多少,以及继承土地的儿子娶媳妇时收得的彩礼大小。用那位艾纳村农民的话说:"贫瘠落后的地方长不出摇钱树来。"人们习惯把一座农庄和经营这座农庄的全家成员视为一体,所以彩礼的大小也衡量这个家庭的社会地位。

站在接受彩礼的男方家庭立场上看,他们的利益也得到了满足。到手的女方彩礼可以按照他们的意图派上用场。这笔钱确保家里来了个能干的"新主妇"——这是他们对刚进门的妻子和儿媳的称呼。她受的教养与他们的地位般配,与他们的习惯和情感和谐如一。姑娘和彩礼带来了声望和联姻,堪为公平交易。

但是,利益攸关的还不仅于此。相亲得来的"彩礼",还划入了农庄家庭生活的内部需求。

从刚才那位艾纳村农民的讲述中我们可以看到,两家经过商榷意见一致后,便一起到了律师那里写出白纸黑字的"书面"形式。乡下人这样做的意思,即以法律形式把双方的协议确定下来。"书面文字"是契约工具,它将结婚时的财产处置与遗嘱相互关联。由于父子间的农庄转手涉及土地,不久前的爱尔兰土地产权改革中,对农村这一古老习俗给予了正式的法律承认。

在"书面文字"里,新郎的父亲把农庄和所有附属财产转交给儿子。作为回报,女方的彩礼归他所有。此外,父亲还为维系自己和老伴今后的日常生活做了安排。这便是父亲的让位,如同神圣罗马帝国的查理五世一样,在幅员辽阔的帝国版图里只留给自己一座修道院。父亲一般会继续保留对"一头牛的草"的权利,保留他的生活用品,有权使用家庭炉灶,以及居住一间屋子。那一间就是我们前面讲过的"西屋",也是最好的一间。这样,一个小农庄的生命轮回基本完成。父亲和老伴从现行的支配位置上,退了下来。

作为退位的补偿,父亲得到来自儿媳的礼金。我们会说,这样安排蛮合理嘛。这么想就错了,事情并未到此为止。尽忠恪守社会角色的父亲,不会把所有礼金用在自己身上。对于爱尔兰的小农庄主,不存在退休这回事。他不会像美国爱荷华州退休的农庄主那样,拿着汤森养老金①搬到阳光明媚的加利福尼亚州去。他必须为群体利益着想。平日里,家里其他的孩子一直都勤勤恳恳老实巴交地为这个农庄家庭合作体卖力。既然他们不能在这块土地上"安家",就得给他们提供别的谋生之计。现在轮到他们站出来,要求得到自己那份拖欠已久的报偿,向这个家庭合作体索取属于他们的那杯羹。

在这个环节上,相亲背后的多层次的目的再次呈现出来。家里通常会给其中一个女儿相亲,嫁到离家不远的农庄。当然,一份彩礼也随她而去,

---

① 弗朗西斯·汤森(Francis Townsend,1867 – 1960),美国医生。1930 年代经济大萧条期间,他的养老金提案影响了罗斯福政府社会保险制度的建立。

其价值相当于儿子娶亲时新娘带进来的那份。另外,家里的一个儿子或许可以通过类似的相亲入赘到只有女儿满堂的农庄。但这位在爱尔兰语里形象地称作"进门的女婿"(*cliamhan isteach*)必须交付数额更大的礼金。他不仅要克服反常于男婚女嫁角色带来的尴尬,还要因他使女方家失去了"他们在土地上的姓氏",加倍赔偿他们的损失。

如果一个小农庄主有足够财力安置家里所有儿女,真是非常幸运。但通常家里只能帮到一个作为继承人的儿子和一个女儿成婚,前者通过农庄,后者借助礼金。至于剩下的其他子女,用洛克村民的话说,都必须"上路走人"。

所以说,在相亲进行时,甚至还在相亲的准备阶段,家庭农庄命中注定的瓦解已经到来。这个社会单元必须解体。时光流转,变化不息,这在人类活动中不可避免。只有靠有序的社会机制才能驯服剧烈变化引起的破坏。

正是媒妁之言为爱尔兰农村提供了这一机制。它成功地完成了农庄家庭必需的转变。怎样平衡利益与责任、骄傲与感恩的相互关系,都取决于它。

这个转变有两个方面,一是内部的,一是外部的。两者的区别不难理解:一个是内在结构的改变,另一个是外观形式的不同。在这里,或许形象比喻会表达得更清楚。莎士比亚所谓"世界一舞台",可谓社会学的至理名言。人们生活在有组织的社会里,本身就是一场戏。虽然相亲讲的是一个主角的婚姻,表演却动用了全班人马。从内部而言,相亲不由分说地彻底改变了所有人物之间的相互关系。从外部来说,观众看到了他们表演的角色在变化,在成长。所有的转变必须按部就班、自始至终,直到新局面变得明朗,问题得到化解。当然,这一幕也就此结束。

正是这种戏剧性质,给了社会学学者和社会人类学学者使用"结构"、"动力"、"平衡"这类字眼的权利,让他们有权这样描写乡下人的生活。相亲通过戏剧式的完整过程,带来了一系列变化,迫使处于相互关系中的所有人进入新的平衡状态,并为新生的行为和情感,创造了一个结构框架。

我们先来看看外部的变化。必须上路走人的子女们被迫离开了与他们息息相关、曾经是他们全部存在意义的群体。但是,除非移民海外,子女们不会转瞬消失得无影无踪。多少年形成的水乳交融的情感,没有消退。作为农庄之主的父亲,也会责无旁贷地照顾好他的孩子们,并以此为荣。他尽其所能,为每个孩子找到机会。他把他们送到镇上,在店铺里学徒,进入职业行当,做小本生意,或在教会找份差事。与几乎所有当今的现代国家一样,在爱尔兰也滚动着一股不懈的人口洪流,从乡村奔向城镇。构成这一洪流的主体,便是来自农庄上的儿女们。

当然,他们并没有全数搬去镇上。我们之前提到了,农庄父亲也会设法把他们安置在附近不远处。无论哪种情况,子女与迫使他们离开农庄的新家之间,保持着联系。他们不过挪开一步之遥,成为了"朋友",成为从农庄的院门口向外延展开来的亲属关系的一部分。他们相互之间负有亲属义务,就像我们在前面讲述农村活路时看到的那样。对于农庄上新出生的一代,他们成了叔伯,而他们的孩子们之间,则是堂兄弟。

爱尔兰的亲属关系就是建立在这样的拓展之上的。而凝聚所有成员的节点,正是原来农庄上的放弃支配大权、促成其他子女各奔前程的父亲和母亲。这种传递于父子之间对责任和情感的铭记,可以上溯多少代直至共同的祖先,又通过兄弟情义,把不断扩充的后辈团结在一起。相互传递的记忆,还为同辈亲属之间的"友好"和"搭伙"的做法提供了运作的框架。每人根据"血缘"(blood)关系的远近,在结构中占有一席。由习惯和情感交织而成的社会结构,因为有了"血缘"一词而获得神秘的张力,变得更加难以抗拒。

尽管爱尔兰的亲属关系执着而热烈,但它并不完全是人类学所使用的"宗族"一词的含义①。它没有固定的界限和僵硬的规定,而是一个含有多种潜在可能的体系。它趋于扩展而不是限制。无论是盖尔语还是爱尔兰土话,在亲属称谓上惜字如金。澳大利亚土著人分门别类地称呼每个伙伴的庞大词库,在这里找不到。判断关系的疏密,靠的是体系的核心价值,即"血缘"的远近。由于体系的结构简约,人们强调成员的同嗣同辈身份。因此,

---

① 在社会人类学里,宗族(clan)指一组成员,他们共识为同一祖先的后裔,尽管相隔的代数过多以至不能准确地追溯至该共同祖先。宗族通常由多个家族(lineage)构成。

你会听到乡下人对"我的朋友"和"我父亲的朋友"加以区分,明确两代之间的群体之别。同代人当中,他会做类似的划分,用不同的表达方式区别来自同一祖先并与他处于同辈位置的其他后裔。因此,他热情接纳了一大堆的同辈人。站在他的角度,"远房亲戚朋友"不如"近处的"更容易依靠;他所谓的远近不是指空间距离,而是堂表亲血缘的疏密。

虽然乡下人没有命名所有亲属关系的详尽称谓词汇,但他有妙招一支:诉求共同的"血统"(blood)关系。乡下人可不是没有根底的新生土豪。他承袭了中世纪爱尔兰编年史学者的亲属制度,也同他们一样,骄傲地成为能干的家谱专家。血统的观念渗透了他观察人和看世界的目光。

乡下人靠"血统"判别自身和同辈。像在许多其他民族里一样,他把这个身份识别的口头禅,当作灵丹妙药(*deus ex machina*),到处使用。"血统正"说明成功与高贵;"血统差"则解释了失败与低微。若要羞辱一个人,只要暗示他身上流着"补锅匠"或"江洋大盗"的血,足矣。指摘某家的后裔,则相当于诅咒整个家族。遇到令人不悦的社会关系场面,例如两个虎视眈眈动辄开打的家族陷入纠纷,人们也用这个标签来说事,"这两家的血统造孽了"。

仙子故事和民间传说里,同系继嗣的神秘力量往往强于命运和环境。名正言顺的儿子和兄弟,丢失了也好拐走了也罢,终究是要回到他的血统继承的位置上的。这是由于"血统"与"土地"互为等同;社会观念不愿接纳成色不纯的东西。人的血统召唤属于他的财产。一支特定的古老家系与一块明确的土地,不可分割、浑然一体。至于其他的人,一概为"土地上的陌生人"。

当然,讲血统和血缘还有实用的一面。在讲述乡下人怎样干农活时,我们已经看到了互助合作。但可惜它不是拉塞尔和霍勒斯·普伦基特爵士①号召的那种合作,而是多少世纪来地方生活所形成的习惯模式。下面谈到

---

① 乔治·威廉·拉塞尔(George William Russell,1853–1919),作者在这里用的是他的笔名 A. E.,著名爱尔兰作家、评论家、画家和民族主义者。霍勒斯·普伦基特爵士(Sir. Horace Plunkett,1854–1932),盎格鲁-爱尔兰农业改革家,他在1894年建立爱尔兰农业组织协会,所开创的爱尔兰农业合作运动影响至整个英联邦。拉塞尔多年为此协会工作。

店铺、酒馆和集市时,我们对此会有更多的了解。总之,无论哪种情形,村里的亲属或是离家的子女,都依然处于地方生活习惯模式的规范之内。

小农庄家庭重组后的新平衡,即使是在子女移民海外的情节里,仍然发挥着作用。与亲属关系相应的行为和情感,也随他们一道"上了路"。他们给家里汇钱,寄旅费给侄子侄女,给兄弟姐妹。有个明显的倾向,出自同一地方的移民形成不断的再续;就是说一代儿女移民出去后,与上一代的移民汇合,形成延续。在克莱尔郡插入大西洋的环头半岛(Loop Head peninsula)上,香农河(Shannon)的入海口处,有个不大的居民点叫克罗斯村(Cross)。据说,这里村民的生活来源,全仗着远在中国上海服役的租界警员。当年第一个从这里出去闯上海滩的人,现在是那边外国租界的警察署长,而他警局里的许多职位,都由来自克罗斯的人担任。

这样的效力是互为"友好"的一部分,体现了亲属关系制度的精华。由于亲属关系逐级扩散,所以越靠近中心,关系自然就越紧密。比起堂兄弟,亲兄弟更愿意帮助自己和自己的孩子,尽管双方都受到亲属互惠义务的约束。洛克村的一件事,可以说明在移居海外的情况下人们是怎么做的。故事里小农庄主的原话如下:

"有个叫奥德怀尔的家伙,娶了[邻乡]贝利赫莱恩(Ballyheline)一个妇人的表妹。夏天的时候,他从澳大利亚回来,看上去一表人才,身穿崭新有派头的大衣,头戴质地上好的呢帽。那天,我们几个都在康西丁家的铺子里,等着领养老金。因为以前看过照片,我知道他是谁。[相互介绍,有了好感之后]他问我可不可以让这个男孩[我的二儿子]跟他去澳大利亚[他在那儿有家旅馆],想让这孩子在酒吧做事。我说行,他可以带他走。

"他回到澳大利亚后,寄来50英镑,给谢默斯做路费。谁知,谢默斯的几个姐姐从波士顿来信说,如果我让她们的弟弟离开她们去遥远的澳大利亚,她们以后永远不会理我了。结果,谢默斯去了美国他姐姐们那儿。我只好把50英镑退还回去。真是活见鬼,到手的钱又送回去。"

有关相亲带来的外部变化,就说这些。那么,相亲带来的内部改变和新的内部平衡,我们又能了解到些什么呢?

土地转交到成婚的儿子手中后,那些继续留在家里的成员之间,随之发生剧烈的关系重组。原来一对家长的领头作用被彻底颠覆了。"老两口"步入了新的社会地位,即老年人的地位。对于他们男女双方,这意味着放弃权力,他们不再是"家中的男主人和女主人"了。

在交接顺利的家里,父子俩会继续一起做活路。洛克村就有一户,被大伙视为家庭和睦的榜样。家里有小伙子、妻子、两个孩子和一对老人。老爹仍然与儿子并肩干活,儿子依然尊重父亲的意见。邻居给他们最高评价是,"瞧瞧人家凯里一家,老乔尼凡事都帮儿子一把。你根本看不出土地到底是谁的。"

养老金的出现加速了家庭的权力移交。养老金原本是为帮助英国工业人口中的老年人而设计,却很快织入了爱尔兰农村生活的经纬。如今,农庄主可以在满70岁时交出土地。这样一来,阻碍他合格领取养老金的那份财产便被搬开了。我熟识的一位老农毫不含糊地赞扬养老金的好处。他的话清楚地表明,即使这份新收入由他全权处置,退位下来的老爹依然是这个家庭经济活动的一分子。"现在家有老人",他说,"是天大的福分。有一个老人,意味着每星期有十个先令,如果有两个,相当于每星期家里进一英镑。就拿奥多诺休[一个邻居]说吧,每个星期五他去科罗芬镇(Corofin)领取他的十先令。他可能会给自己买两瓶波特啤酒,但他也会用余钱买些家用必需品。回来后,还把剩余的几个子儿投入家庭的储存罐。"

在家里,上了年纪的父母仍然非常重要。他们掌管农庄几十年,不会一夜之间荡然无存。权力交接的转变应该平稳。艾纳村的一位农民描述了什么是最让人愉快的妥协:"成亲以后,每天清早我还是会先到老爹那儿,问他今天我该干什么。老爹会说,现在是该干这个或干那个的时候了,他会说该给奶牛做这些了,再不然就是该给园子翻地了。于是,我就照老头儿说的干上二三十分钟,然后去忙我自己想做的事。"

爱尔兰乡下解决这个问题的办法,是顺从和尊敬。两代人之间不可能有平等。地方上的一位智叟津津乐道地谈起此事,经验老到得像多萝西·迪克斯①一样:"新媳妇刚进门,满脑子的新点子,做起事来指手画脚。上了

---

① 多罗茜·迪克斯(Dorothy Dix)是著名美国记者伊丽莎白·M.吉尔默(Elizabeth M. Gilmer,1861-1951)的笔名。她主持撰写的婚姻劝导专栏在世界范围享有盛誉。

年纪的婆婆和年轻的媳妇可能处不来。老头子一般在边上一言不发,他会点上烟斗,溜出门去,直到两个女人拌够了嘴他才回来。有时两个女人吵急了,婆婆会一跺脚拔腿就走,到别处和自己的女儿住。如果女婿的母亲已经过世,她这么做倒也没啥,虽然他父亲还会住在家里。

"但是,吵来吵去总不是好事。如果新主妇能向婆婆讨个意见,问她这该怎么做,那该怎么做,那么什么问题都不会有了。之后,新媳妇便可按自己喜欢的方法去做,婆婆也会以为媳妇在按自己的话在做,也就不再唠叨了。一个依理办事的儿媳,就会这么做,善待老人。"

顺从和尊敬可以化解问题。但如果还是解决不了,走人的就只能是老妈了。事情到了这一步,反映了农庄婚姻的一个重要功能。儿子必须紧紧站在新娘这一边。如果关系恶化,新建家庭甚至可以"弃老两口于路边不顾"。落到如此结局实在令人心寒,但这又是必要的。家庭与土地合二为一的模式,必须在新主人、新主妇和他们的孩子们身上继续下去。

将家族与土地延续下去的愿望,是家庭成员关系的凝聚力,对于新夫妇有着对老两口一样强大的作用力。一家人情感上的新平衡,体现在接纳小两口生育的孩子身上。乡下人习惯把他们的不少做法说成是在家庭合作体里"帮忙"。同样的字眼也用来形容新老两对夫妇之间新关系的建立。同样在这里,单纯从经济角度对"帮忙"进行解释,过于片面。艾纳村一位很有想法的农民说起这事,认为做活路时的互助与社会关系上的互惠,实际是一回事。他说:"家里有了孩子,老两口便成了当妈的得力助手,婆婆会喂小娃儿,带孩子,用心照看,不让他们跌进火塘或出别的事。老爹也会继续干他力所能及的活儿,因为那是他的本分,一辈子都是这么做过来的。婆婆会在家务活儿上帮把手。碰到年轻的母亲和她的小女儿发生口角,婆婆会站在孙女一边替她说话。她会教小女孩怎么做事,怎么比她妈妈更有耐心。爷爷也会教孙子怎么干活,怎么比他爸爸更沉得住气。"

与此相应,"新主妇"的首要责任便是生育。她的荣辱成败取决于能否给家里添娃。只有孩子出生,家里的新平衡才能实现,最根本的社会延续才能确保。

老两口对儿媳的评价,取决于她生娃的角色完成得如何。姑娘进门的第一年还在学徒阶段，家务活儿也轻。盛行的已经礼仪化的地方风俗，还给了她偶尔跑回娘家自己人那里去的机会。她的首要任务就是怀孕。公公婆婆像老鹰一样紧紧盯着她受孕的迹象。在儿媳怀上孩子的日日月月，老两口处处相助，每每夸赞她渐渐大起来的肚子。他们对即将到来的孩子表现出极大的兴趣，丝毫不亚于儿媳本人。

克莱尔郡北部的一位农民这样形容儿媳妇进门的第一年："开始的时候，小伙子一家对新主妇稀罕得不得了。他们几乎什么活儿都不让她碰。这种情形大约持续七、八个月，如果老两口看不到她怀孕的迹象，就会大发雷霆，开始整她。相反，如果她怀上了，他们连一丁点活儿都不让她碰，别提有多骄傲啦。"

相形之下，不孕则是天谴，是最丢脸的事。做丈夫的完全有权表现出他的失望和不高兴。这是他的羞耻，表示他失败了，没能保住家族在这块土地上的延绵。

克莱尔郡艾纳村一位没有孩子的农妇对于家庭和社区所持有的这种态度，深有体会："甭管你多有钱，"她说，"无论你长得多漂亮，如果没有孩子，你就是废物一个。相反，如果你长得丑八怪似的，却有孩子，那便万事大吉。"像是为了斗气，也可能是为了强调，她接着说："其实男方想要孩子的愿望与女方一样强烈。如果没有孩子，他也怕别人会说他是个废物。在这地方，孩子就是冤家，尤其是当你没有孩子的时候。"

然而，也有其他的法子确保家族脉络的延续，虽然它们只能说是"把姓氏留在土地上"的临时措施。这些措施能够像相亲一样，帮助完成土地支配权的移交。但无论哪种办法，都是在按照农村生活方式的核心价值办，是人们为了绕开不利条件和运气不佳的阻碍，在社会生活中想出的变通。

比如，不久前还实行一种叫做"乡下离婚"的法子。在过去，农民可以把不能生育的老婆送回娘家。当然，按照天主教的禁律，妻子还活着的情况下他不可以再婚。但有件事他可以做，也能达到实现家族继嗣的效果。他可以再结一次婚，但不是他本人，而是通过他弟弟。理由是这两个男人的社会身份一模一样，为什么他们不能以社会意义上的同一个人去行事呢？这种婚姻方式一直残存至今。克莱尔郡北部科罗芬镇附近的一位农民，就求助了这个老法子。婚后数年无子,他按照"乡下离婚"的方式把土地转让给弟弟,收到不菲的彩礼,他的前提条件是弟弟必须成婚。这样,弟弟娶了媳妇得到了土地,哥哥则拿到了礼金。土地与家族的合二为一得以保全,得以再传一代。

其他的补救办法,在前面提到"不完整家庭"现象时曾有举例。侄儿侄女,甚至孙子孙女,都可以拉进来补缺。待他们到了年龄,相亲成家,便可确保正常的传宗接代。同时,原来的农庄主人搬进"西屋",成为老一辈。如此一来,农庄家庭的传承模式补救一新。对乡下人来说,只有不明事理的"败家子"才会卖掉土地,然后"到镇上把钱喝个精光"。那样的做法完全有悖于亲属关系和地方习俗的道理。

但在涉及年轻寡妇的情形里,可能会发生冲突。农村对妇女以个人名义拥有土地的认可,最多也就限于表面。这不是说她不能独自掌控和经营土地,实际上她已经这么做了。而是说,人们把她对地产的持有看作她为其丈夫的兄弟或儿子在代理,或者代管她父亲名下的土地。她不能将土地从其归属的父系传脉中分离出去。引起冲突的原因就在于寡妇本人处于两条男性继嗣链条之间,一边是她父亲的,一边是她丈夫的。

所以,孩子尚未成年时,寡妇可以留在农庄上。如果孩子年龄还小,她便返回她父亲的农庄,这边由她丈夫的一个兄弟接手。如果没有孩子,她则会被视为几乎从未离开过娘家的亲属圈;她死后不是与她丈夫葬在一起,而是埋在她父亲那边的墓地。

即便她再婚,她和新任丈夫也只是以托管的方式持有土地。这个丈夫和他的孩子皆为"土地上的陌生人"。正当的血统后嗣,即"姓氏"在土地上的一方,可以将他们扫地出门。人们要求家族与土地所有权的一致性,就是如此强烈。女人只能作为这家儿子的母亲而获得此地。不过请记住,这里讲的不是正式所有权凭证或者合法权利。这两项往往可能是另外一码事,甚至可能直接有悖于乡下人的价值观念,结果导致纠纷,迫使受屈的一方在法律之外寻求解决问题的办法。

到此为止,乡下人的社会生活达至一个新的平衡。婚配提供了两代人之间的过渡方式。在家庭单元之内,它为建立新的核心家庭群体提供了条件,也为所有成员共享并集中其利益的最重要的家族延续,创造了空间。从外部来说,它重新聚拢那些不得不离家出走的成员。沿着他们向外四散的所到之处建立起了亲属关系的网络。同时,在向死亡靠近一步的老年人身上,在围绕他们而生成的"继嗣"、"血统"和"土地上的姓氏"的一并认同中,人类群体的感情找到了连结之处。

代际过渡牵一发而动全身;农庄家户、土地财产、成人地位、经济把控,一切都随之改变。婚姻是乡下生活转动的轴心,是关系结构的中心。人与人之间的所有关系因婚姻变动而做出调整。然后,一切又以新的形式明确并稳定下来——移动有了空间,延续有了可能,成员们开始适应各自新的位置。

变化的整个过程,充斥着情感上的五味杂陈,有雄心抱负,也有渴望期待。激动的情绪,推波助澜。同时,惯例、习性、公众舆论的约束,以及私下表达的愤懑,维持了行为的底线,违禁必得惩戒。而公众的尊重和个人内心得到的满足,也回报和奖赏了遵守和服从的做法。然而,这些都是人们原生本能的社会顺应。它不是理性思考的结果,而是人与人长期面对面接触和在乡村社区的实际处世中,习得而来。但是,理性思考并未排除在外,聪明才智、精打细算、个人利益的顾及,都得到尽情的发挥。在这个框架中,没有什么是遥不可及、深奥难懂、拘泥刻板的。没有哪些要学的规矩不是乡下人和他的伙伴们早已心知肚明的。

这种农村的家庭至上观念(familism),根基于乡下人心理和生理的现实。有了它,人类动物性的驱动力得到了满足。饥饿,繁殖,情爱与愤怒,控制与顺从——应有尽有,各居一席。但是,如你们所见,满足之处绝非偶然,而是精心布置、受到支配的。乡下人受到的制约来自其亲身经历,是对身边的他人的适应。此乃精致复杂的人类社会关系网络的一部分,是社会性的人在移动变化中获得平衡的过程;它时而结晶稳定,时而流动不已,并以必要和有秩序的方式彻底地蜕变着。

鉴于农村生活可以看作一个整体,爱尔兰人口数据的特别之处颇具意义。自由邦的人口统计数字既有意思也很特别,在许多方面甚至令人惊讶。

在多数国家人口猛增的年代,爱尔兰长期以来持续不断的海外移民却形成人口锐减。19世纪大饥荒造成的汹涌移民潮,还只是移民排浪的水标峰值。远在大饥荒之前,爱尔兰的人口外流就已经开始,并且延续至今。仅在1932年,由于这个时期全球范围的经济萧条和移民限制,这股移民洪流才算停了下来。经历了一个多世纪的人口外流后,这一年中返回爱尔兰故土的人数,第一次超过离开这个国家的人数。

无需多言,经历了如此之久的移民,人口外流已给这个民族的生活留下不可磨灭的印记。据1926年人口普查估计,在国内出生的爱尔兰人中,30%的人在那一年居住在国外。换个更有切身感受的比喻,这相当于爱尔兰孩子在长大的过程中,每十个和他玩耍的小伙伴里至少有三个要漂洋过海去他乡生活。与希腊、西西里岛和许多其他地方不同的是,他不能指望这些小伙伴有一天会回来。他只能永远地失去他们。

但是,这30%还不是公允的显示。农村地区受到的人口损失远远大于城镇。总体来看,城镇从乡村那里获利。与世界各处一样,城市的扩张是以消耗其他地区为代价的。乡村是两条巨大汲取渠道的牺牲者,其一是常见的小农从乡下进入城镇的人口流动,其二是农村人口流向海外。由于小农这一群体在这片土地上占压倒多数,这两方面的人口流失给它带来的负担也最为沉重。

恰恰正是这些小农庄主,这些乡下人,突显出另外一组独特的数据。他们给这个国家的婚姻统计,建立了一个范本。就此而言,爱尔兰自由邦几乎独一无二。这里国民的结婚年龄比任何一个采集此项数据的国家的都要晚。年龄在30—35岁的所有男性中,62%的人未婚。而且,逃避婚姻如此之久还不仅是男性,处在相同年龄段的所有爱尔兰女性中,42%依旧单身。在美国、英国、丹麦,事实上在所有其他国家,均未有拖延婚期如此之晚的。在提及的这三个国家里,同比数据无论是男性还是女性尚不及25%。只有在爱尔兰,30岁的单身男女是常事,而非个例。

问题还不仅是爱尔兰的许多男性想往后拖一拖不可回避的命运。令人惊讶的数据显示,他们中有相当一部分人终生未婚。在爱尔兰,每四个年满50岁的男人中,就有一个是单身汉。女性找到伴侣的机会虽然好些,但几乎同样的比例也显示在她们的名下。

其他国家结婚年龄最晚的一组通常是都市的职场白领阶层。但在爱尔兰，却是农村人结婚最晚。在这一点上，基本可以按规模大小做个排序：哪个郡拥有小块地产的人数越多，那里的农民结婚的年龄就越晚，而且那里各个年龄段的单身者（尤其男性）的数量也越大。可以说，晚婚和单身是今天乡下人生活方式的显著特点。

在统计数据显示出的问题里，以结构式的分析方法去看乡下人的生活方式，会得到新的启发。我们可以透过经济上和历史上的种种变化，清楚地看到人们的生活处境。

大饥荒的灭顶之灾过后，爱尔兰的农业经历了巨变。来自加拿大和阿根廷的小麦，迫使爱尔兰的大片土地用来养牛。从土地上大规模清除佃农的事件发生了，迫使人口迁离，土地腾出改为草场。之后，部分小农庄主跟随大户农庄搞起饲养肉牛的草场，从而导致了奶牛业的衰退。同时，小型城镇、十字路口式的集散中心、铁路，在全国遍地开花。工业扩展先是在英国随之在美国咆哮而起，提供了国内缺少的就业机会。在这一系列变化中——国内就业机会减少，牛取代土地上的人，地方发展机遇遭到剥夺，等等——爱尔兰人口持续向外流散。

整个过程中，爱尔兰的婚姻数字发生着相应的变化。第一次人口普查时，结婚年龄处于正常。1841年，爱尔兰人口中未婚人数处于正常的低比率，男女的结婚年龄同今天美国人的结婚年龄一样早。然而，之后十年一次的人口普查皆显示，每次的结婚年龄都会比上次普查要稍晚些，未婚人数更多些。在动荡不安的年代里，单身的现象越来越普遍。

之后，经济和政治的浪头转向了，但人们的生活方式仍然继续。驱逐佃农的做法停止了；土地改革保障了农户持有永久地契；随着地租的普遍降低和永久土地产权的确保，1870年后的连年好景使更多的收入可以用到国内。终于，第一次世界大战期间爱尔兰出现了做梦也没料到的兴旺，紧随其后的是独立革命和内战的活力。奶牛产业近乎恢复至之前的水平；重建的奶乳业开始可与肉牛生产媲美，走向出口市场。最近发生的一步，便是工业化敲响了爱尔兰的国门。

在如此一连串变动的条件下,谁又能说清是哪个因素决定了爱尔兰的人口数字呢?移民潮一如既往地流动着,上一年稍有减缓,这一年又走得急起来,直到可能出于外界的阻力,人口外流才终于放慢下来。①

但是另一方面,与其相应的制约人口增长的晚婚,却没有放缓的势头,反而继续攀升。1911年的人口普查中,这一现象达到峰值,并且保持在那个水平。面对新的经济形势和日益改善的生活,晚婚数据却没有显露任何下降的征兆。这是由于社会体系不是一个能轻易改变的东西。它对于环境变化的适应,给我们上了一堂课;它教的不是经济学,而是让我们了解人类情感和人类习性的持久耐力。爱尔兰的晚婚现象,与上一辈父母不愿放弃他们的主导地位有关。他们要获得足够资源分摊给所有的孩子,是一场漫长的努力。而在能够建立新家庭之前,原有的封闭式家庭合作体绝不能放弃。家庭群体自给自足的本质,使其很难被摧毁。如今,一农庄一户人家的规定,阻止了在同一农庄的地块上成立一户以上的新家户群体。

由于大饥荒之后不可能再对土地资产进一步分割,爱尔兰的家庭至上观念也做了调整。地方社区不能再将其所有的儿子安置在家乡,不能再把土地切割得更细小分给他们。但是,只要不死,就必须活下去。我所谓的必须,是指社会制度与制度成员的生命,互为依存。南太平洋美若天堂般的岛屿上的波利尼西亚人,当他们的文化被踩踏,当比外来细菌和外国枪炮更厉害的疾病枯萎他们的躯干时,可能会一个种族接一个种族地消失殆去。可是,爱尔兰农民要更坚韧,更能吃苦。

在活下去的同时,社会制度仍然在影响其成员的生活。繁荣时期的到来,加上紧扣农民心弦的土地风潮,"土地"愈加成为核心价值所在。爱尔兰农村的家庭至上观念,对"土地"、"血统"和地方名望这三位一体的认同,也愈加强烈。当土地、联姻、声望朝着同一个方向发展时,家庭群体在婚姻这一环节上,找到了社会生活的关键性重组的凝聚力,并将所有紧密交织的关系纽带环绕其上。

---

① 当前的(1936年)人口普查报告初稿显示,海外移民倾向仍在延续,但现在的主要去向是英国而不是海外。——作者

所以,"没有土地的"和"落后的"只能消亡。在爱尔兰农村,被迫走上绝路的不是个人,而是家庭。我们还记得"贫瘠落后的地方长不出摇钱树"的话吧。这句朴实的家常短句充满了社会意义。为提升社会地位而奋斗,为名声显赫而力争,这些人类最本能的动力将他们远远落在后边,不能成婚。而在一个拥戴家庭至上观念的世界里,孤身就意味着灭亡。

还是这句朴实的短句,把我们引入一个新的社会生活领域,一个对于了解爱尔兰乡村生活方式同样核心的领域。这便是所说的社会阶层。这个蹩脚的术语涵盖了人们如何评判旁人的等级、威望、卑微、优越,以及体现所有这些品质的行为。所有的社会都显示出这一点;也都以这种或那种方式对其加以组织。甚至动物也会表现出相似的行为。动物中间有统治,也有服从,只是它们无法用言语修饰它们的行为,不会围绕这些行为搞出什么道德和哲学。

今天,在民主国家里,民间态度对于社会阶层这回事,要么否认它的存在,要么就说不用去管它,不要提及,仿佛它是不登大雅之堂的东西。但是,研究人类行为的学者既不能无视如此丰富、根深蒂固的人类行为的起因,也不可能把它撂在一边置之不理。印度的种姓制度对于美国人来说,是个相对安全的话题;而美国新英格兰地区或南方的社会等级现象,就成了爆炸性新闻。只有持着极其客观的态度和使用毫无渲染的语汇,才能保全鲁莽地前去调查的人。可以说,唯一公平的态度是实验室的做法:把行为置于它原有的环境之下,并且仅对它在那个环境下的功能进行分析。如果采取这种观点,我们就不必责备史密斯一家对琼斯一家的故意怠慢,就像不必斥责一种细胞核对另一种的排斥。无论哪种情形,我们追求的是解释为什么以及描述如何发生的。

在爱尔兰农村地区与我们打交道的乡下人是个很宽泛的阶级。区别他们与其他人——镇上的人、大农庄主、绅士等等——的行为特征,不是我们在这里要关注的。但是,在他们自己的社区之内——在农村生活的基本民主范畴之内——可以看到乡下人通过多种做法来区分、标识、排斥不守规矩的。请注意介词"在……之内",因为这些行为并不用于两大类别群体之间的区分,譬如贵族对跟班所表现出的傲慢。

这些等级区分行为的内容有很多。用个不太恰当的比喻,有点像初二的学生嘲弄初一的,瞧不起他,半开玩笑地欺负他。而一旦外界势力闯入,比如教师或竞赛校方的男生来了,他们之间的区别便在一致对外的斗争中瞬间消失。然而,尽管这些行为看起来亲昵,却很有来头。像乡下生活中的多数事情一样,等级区分行为最主要的表现形式和最完整的组织方式,都体现在相亲和农村婚姻上。

这一现象暴露出爱尔兰乡村生活中自相矛盾的地方。一个如此注重婚姻和家庭的社会体系,为什么会把如此之多的成员贬入独身或长期未婚的倒霉境地呢?答案就在这个矛盾本身。不过话要反过来说:只有通过婚姻,一个人所属的家庭群体和他个人才能获得并保持完整的社会地位。一方失败,另一方便无法成功。

不少乡下日常生活里的喜剧和悲剧,也由此产生。人们喜欢有人情味的表达,但是,喜剧也好或悲剧也罢,它们向研究社会行为的学者展示了另外一套打扮。它们是体系的操控,是人类行为下意识的操控模式,其社会功能就是要确保服从和一致,以应对内部的破裂和外部的缺陷。人类在自己手中和在同伴手中的大部分命运,皆遵从于社区为顺应传统习俗和社会价值而施行的管控;社区既靠它构建自身,又靠它确保自己的延续。

举一个悲剧的例子,说的是爱尔兰乡下一组浪漫类型的人的命运。19世纪,铁路尚未出现,城镇还未扩张,那时每个地方社区都有自己的工匠。裁缝、织工、木匠、鞋匠、铁匠,他们追随干了一辈子的行当,满足当地居民的各种需求。翻开1875年前任何一本关于爱尔兰乡村的书,例如威廉·卡尔顿笔下的故事,你能享受到一幅幅描述这群充满活力的人们的生动画卷。①他们的技艺原始,但他们的社会地位稳固。可是自从那时起,几乎所有的工匠,除了铁匠之外,都被城镇人的技术和工厂逐步一扫而光。匠人们一直为邻居服务,生活居住在他们中间,是乡村生活的一部分。但当贫困的重锤无情袭来,他们只得徒步四方,加入了充斥爱尔兰大街小巷的流浪歌手、学者、

---

① 威廉·卡尔顿(William Carleton,1794—1869),爱尔兰小说家,以《爱尔兰农民的特点和故事》(*Traits and Stories of the Irish Peasantry*,1830)一书著名。

琴师、短工、沿街叫卖的小贩和乞丐的行列。所以说,仙子传奇的世界距离乡下人并不远,他们就认识这些故事里的人物。所谓穿着盖尔服装的侏儒怪人,此刻就正倚靠在自家的门边。

在边远社区里,个别匠人幸存了下来。那里的百姓还需要他们。接活加工时,双方仍然按照传统的礼物馈赠、客气周到的老样子,完全不同于现代的现金交易。工匠的手艺也是父子相传,这一点与农庄家庭的活路传承一样,流淌在"血统"里。没有得到传艺的孩子们,也必须离家去到城镇谋生或者移民远走他乡。工匠的门户同样是家庭至上观念的世界。

除非他们在迅速减员的同行里找到合适的对象完婚,否则也必须拥有土地和钱财才行。他们中间偶尔也会有人飞黄腾达。于是,他会购买土地,备足礼金,给儿女们在土地上成亲。几年过后,技艺旁置的他某个早上醒来,发现自己已经成了名副其实的农庄主了。

但是出人头地的例子并不多见,而且做起来困难重重。经济变革把他的技艺撇到一旁。地方上的工匠经常是没有土地的男人,除了一块园子什么都没有。就算他的手艺活儿在乡下不可或缺,但他不会获得与邻居平等的地位。他作为个人受到欢迎,但他的社会位置低下。不久前,小农庄主还是会"送儿子入行"学手艺的,但那多半是个靠不住的"不适合种地"的儿子。

今天,人们可以在乡下的这里或那里的小屋里,发现这些飘散的地方手工艺残迹。留在当事人记忆中的那份手工行当,可能是他们唯一能用来告诉人们,其实他们并不是那么不起眼儿的雇工。他们或者未婚,或者已婚却没有传代的财产,不够给儿女说媒成亲。有时走到一处,乡下人会指给你看一座空有其壳的农舍,解释说:"这家人都死绝了。"

在这样的情形下,社会地位的压力极其强大。与其接受不可避免地落入没有土地的雇工地位,他们只能"死绝了"来摆脱命运。要知道,一个人的地位就是他的血统。如果他们不能积累一份彩礼来有形地体现其血统,就没有婚嫁可言。联姻或传代都没有他们的份儿。

即使手工匠人成功地通过联姻进入小农庄主的圈子,背后那缕身世来源的痕迹还要再拖一阵。界线划分严格的地方,改变来得更慢;农民社会对于谁是新生土豪,清楚得很。每当争执突发,满腔愤怒会瞬间撕去日常生活的温情面纱,人们将听到怎样的凌辱呢?乡下人猛然对同伴"吐口水",不是冲着他的脸,不是针对他的举止,也不是像野骆驼和野猪那样吐唾沫,而是诅咒对方的后代,提醒他们将带着那份"木匠的"或"织工的血统"下地狱。

这种绰号对我们来说是奇怪的,但它却能引起足够有效的即刻反响。心理学者知道,愤怒的表达像其他感情一样,是在特定社会体系里的条件反射。在这个情节里,爱尔兰的社会体系以其特有的方式,划分和加深了社会生活中必然存在的人与人的区别和成见。

当然,人与人的地位区分也会产生喜剧。许多玩笑和插科打诨以此为主题,这里也聚集了大量古老风俗和传统游戏。例如,生动形象的滑稽表演"稻草人"——乔装打扮的特权人物凶狠地闯入婚礼宴席,重现早期历史上抢新娘的场景——就很清楚地表明了这一点。又如,忏悔节的欢天喜地——起码在克莱尔郡,穷小子们会在整个节日期间跑来跑去砰砰响地拍打那些未出嫁淑女家的大门——这其中的象征意义,显而易见。

喜剧和欢笑缓和了社会控制的严厉,像丝绒手套包裹了铮铮铁掌。

第四讲　男孩与男人

前面的几讲里，我屡次提到乡村社区。爱尔兰农村的家庭至上观念在人们的活动所触及的乡土范围之内，起着重要作用。但我至此尚未对社区这个词进行界定，也没有向你们充分描述乡下人的生活方式怎样与时间和地点紧密相连。我承认这个不足。作为辩解，这只能归咎于我的能力不济。在一个特定场合对人类做全方位的研究，那不是我的技艺，而是小说家的。

然而，社会人类学学者必须面对社区是如何组织构成的这一问题，寻求和分析人们怎样跨越空间和时间而相互接连的方式。在爱尔兰，这个问题对于研究古老习俗的学者来说同样重要，因为传统奏效于地方。

爱尔兰人的家庭至上观念基于土地。在人们恪守信义、地界明确的小片范围之内，它大行其道，左右逢源。乡下人的生活只在这片范围内流动；除了定期前往集市小镇，他难得走出这一方圆。他称作伙伴的人，来自同一狭窄的圈子。而在溪水的对岸，丘陵的背后，顺坡而下谷底的那边，便是另外一块相似的信义之圈开启又终结的地方。界外的乡下人与这边的并没有什么不同，但他们却已是"陌生人"、"外人"，或者"那边的人"了。

乡下人一辈子的生活将他与圈内其他人的生活置于紧密且亲密的接触之中。反过来，其他人也因家庭和熟人关系，在他的周围形成群体。正是这样一个在空间上与众不同、在成员数量上相对稳定的群体，构成了地方社区。地方社区的地理轮廓可能是由地表上人为的或自然的界线构成，但要紧的是，地方社区首先是由风俗习惯交织而成的社会联合体。这一点，凡是去过避暑胜地的人都会有所感受。置身同样的田园美景之中，"来度夏的人"和"当地的人"却很难走到一起！回忆童年时光，很多人都记得当年自己的一帮伙伴与另外一群孩子之间设置的边界标记。儿童王国划地为城的速度，毫不逊色于成年武士分割疆土的迅疾。

把社区形式与乡下生活联系起来考虑的思路，让我们再次回到人的行为的话题。想要了解地方环境中的爱尔兰家庭至上观念,我必须再次请你们观察、留意和审视他们当前的生活。我不是说地方群体形成的历史原因不重要。事实上,所有可以上溯至遥远年代的村落边界、教区界线、集市范围、爵位领地、郡县划分、教会辖区、省级边线,等等,今天仍在标注种种界线,将人群相互区别。地面上的一条界痕,或许是很久之前被已遗忘的古老宗族们协商划定的,但界痕仍会萦绕在人们的记忆里,仍会影响他们现在的行为。就在几天前,住在一条教区界线两边的乡下人进行了一场激烈的曲棍球比赛,而那条界线就可能曾经标记过某个古老王国的疆界。我想说的是,要了解一个地方的过去,一定要了解它的现状。只有这样做,才能懂得传统如何流动,又是怎样在人们身上挥洒它的魔力。

所以在这一讲,我希望引导你们注意那些界线之内的事,注意界线之内那些规范当地生活的行为。我们在前面已经专门探讨了社区内部把人与人相互区分的一些标志,譬如"血统"和声望。如果不是因为时间仓促,要赶着往下讲,我们还可以就亲属关系和社会分层讨论更多的话题。有这么一种规范模式,它能跨越上述的区别而重新整合群体,这便是我们下面要认识的新挑战。

爱尔兰乡下有这样一种行为规范,很抢眼,无处不在。它出现在所有与年龄和年龄地位有关的场合。因年龄而定的行为举止和情感表达,恐怕在影响乡下人生活方式上,是仅次于家庭至上观念的最重要因素了。当然,这涉及我前面讲过的所有内容,与家庭生活密切吻合。乡村社区从中找到最为适宜和经久不衰的组织形式,也在乡下人身上留下比其他社会习性更为深刻的烙印。无论对于旅游的还是搞人类学的,这类行为最早跃入观察者的视线,没有什么能比它更好地解释为什么古老习俗至今仍然存活。

从诸多方面来说,爱尔兰是老人的国度。在移民潮把年轻人卷走的地方,老年人多得超乎比例。这还只是故事的一方面。爱尔兰乡下人长寿是自由邦农村地区的普遍现象,并在统计数据里尽显无遗。虽然农村生活贫困艰辛,处于被误解的"衰落"之中,但事实上乡下人活得长,死得也确实高寿。人们找来许多原因解释这一奇怪现象,但说到底,这不是很简单吗?他们活得长是因为他们有很多值得活的东西。在他们生活的范围里,他们受人尊敬,他们大权在握。

我们应该记得,乡下每家每户的中心是老人。他们居住的西屋在仙子传说中近乎神圣,是最好的那一间。火塘边的座椅——受尊敬和最舒服的位置——也属于老人。即便掌管农庄的权力已转交给了下一代,他们显然仍是尊重和服从的对象。

这绝不仅是家庭的内务。年长者在直接亲属之外也得到同样的特权和尊重。这种做法既是家庭生活的习惯,也是社区的民间风俗。在必要时,社区还能强行对此加以维护。社区可以闯入家庭,借助街头巷尾的议论纷纷或当面的口头指责,去规范家庭成员的行为。个别情况下,甚至由神父亲自出面,直接干预。

乡下人的日常词汇里充满了涉及年龄的价值观,大部分表现在他对周围事情做出的判断和评论中。当然,他们并不讨论行为的构成如何与年龄有关这样的话题,在被这些举止塑造出来的人们心中,这么做是"自然而然"、一成不变的。但是,对于年龄所具有的组织意义,他会有多种表述,因为这影响到个人日常生活中的接人待物。村民们常用"傲慢无礼的小子"、"胆大妄为的男孩"、"如此行事真不知羞耻的老家伙"一类的话,来责备和非议"糟糕的"父亲或儿子。

在闲聊中,我们会经常听到许多表达法,与说话人在其年龄群体里的位置有关。把"年纪大的"和"年纪轻的"对立起来看问题,浓重地渲染着乡下人的思维方式。乡下社区里共度一生的"朋友"和邻居之间,有着说来道去没完没了的话,其中大部分是在与年龄有关的社会语境中进行的。

这一点在人们谈起往日岁月时,尤为明显。"过去"是人们津津乐道的话题;乡下人聊起"过去的时候"就像着了魔。这不仅因为听众当中有个"寻找旧时习俗"的人类学学者;而是只要在继嗣是惯常社会关系的决定性节点的地方,尤其年长者还处于至尊位置,那么"过去"就势必成为一个兴趣焦点。

因此,稍微上了年纪的男女,都会特别偏袒他们那个年龄段发生的事。某种程度上,年轻人也会被裹挟进去。乡下人总把"我们那个时候"挂在嘴边。不知多少次,一些年纪大的人会憋不住地要唠叨唠叨过去;他们不分男女,无须预热,开口就来。过去的日子充满艰难与困苦、饥荒与死亡,但讲述者总在那上面投射一束英勇不屈的耀眼光芒。那时农具无几,没有耕畜,人们打着赤脚,没有任何今天的各种便利设施。说到这儿,听故事的人堆里发出怜悯的喃喃低语,有人在同情地摇头。他们面面相觑感慨万分:"从前真是太苦了!""那会儿他们要做的活路真够难的啊!"但同时,听故事的人和说故事的人一样,声音和神态里透着几分骄傲。

在讲故事的老人们眼里,记忆里那些必需的生存能力,现在成了年轻人不再追求的坚忍不拔的特殊本领。而对于讲故事的和听故事的人来说,这正是要点。如今,你上哪儿能找个年轻人,有本事从这里的科罗芬镇出发,赤脚走上40英里的石子路到巴利纳斯洛乡(Ballinasloe),然后再原路返回?当年,地方管理部门还没修建起顿纳格尔村(Dunnagore)北面那条通往沼泽地的道路时,当地妇女能肩扛满满一筐泥炭,脚踩泥泞走上一百多码的距离,运到土路旁。这样的女子今天又在哪儿呢?

这样的话常常说着说着就走了调,变成那番如今无处不在——对年轻一代——的抱怨。"年轻人不再像从前那样啦,"一次聊到人生的金色年华(也就是他的年青时代)时,一位上了岁数的小农庄主这样说。"现在的年轻人花钱找罪受,整宿地博彩,要不就去疯舞。如果碰巧赢得火鸡大奖,就天翻地覆地闹腾[庆祝胜利],快把房子搞塌了。照这样下去,乡下不会有好事。在过去,男人总在外边修补石墙,清整土地,或者干点别的。现在,你根本叫不动这些年轻的,除非付他们工钱。"

说到这儿他稍作停顿,在他的老友圈里找了个榜样,又滔滔不绝地接着说。"难道老基恩当年不是每晚出去放牛吗?把它们撒到一片片小块地里吃草,夜深了再把它们召拢赶回家。难道他不是每天清早就起,出门干一天的活吗?他家在公用荒地上清出一块挺不赖的草地,一寸一寸不停地干,后来牛儿吃草能一直啃到巴沃恩镇(Ballyvaughan)的地界。现在,你绝对找不出一个年轻人能干成那个样子。算啦,管不了他们了。"

每逢谈到现状,同样的情绪总会冒出来。对于社区里上了岁数的人来说,过去的岁月映照出他们的光荣与辉煌,用来表现他们的优越感很是顺手。本着这样的态度拿过去衡量现在,后者看起来总是短了一截。

然而,这些话反应的不仅是简单的新老两代的对立,还体现了超越对立的两代人之间的相互依存。过去显得好的原因之一,就是那时的老年人和年轻人之间的相互依靠更多。而如今的现状不及过去那么吸引人,也正是由于老一辈不再管教年轻的,年轻的不再帮扶老的,双方都没按照理应的那样去做。虽然这一相互关系的双方都表达了各自的想法,但如果讲话的人是年纪大的,措辞便会流露出对年轻人的不信任和不喜欢。其实,这些感受或许可以从不同态度的角度来理解。举个例子,下面是一位老者对当前爱尔兰学校制度的看法和担心: 111

"我爱国,所以这么说可能不好,但我觉得他们现在的这套学校制度很烂,爱尔兰语教得也差。我们那会儿,还有在我们之前,你可以在方便的时候去学校读书,比方说一年里去三个月,学到的东西反比现在一年到头都在学校里泡着学到的还多。那会儿的老年人能知道的事比现在多。孩子放学回来,可以指望他给上了年纪的人读报,为他们代笔写信,或者算账。孩子们做得还挺不赖的呢。"这位老者发的这番牢骚比这里引用的要长得多,但我们已经能听出他对这个制度的不满。在他眼里,现在的学校教育对于维护老少之间的互相依赖,没起到作用。

老少两代的相互依靠,过去是现在依然是在干农活儿时表现得最为突出。农庄家庭要求所有的成员齐心合力。同样,社区衡量老少关系的标准,也是根据他们合作的好坏而定。在和村民拉家常时,他们会再三透露出这样的实际看法。让我引用一段对话来说明这一点:这是两位有家室的成年农民,他们在聊天中看法一致:

"过去的男人力气更大,干活更卖力。相比起来,你如果想要现在的年轻人去做老一辈过去干的活儿,他们会笑你。现在的年轻人好像总想着怎么少干一点,不是多干。而老一辈的却会脱光了膀子,相互比试,看谁干得最多。"

两人越聊越起劲。但即便兴致正浓,他们也不得不承认心理上的纠结:"说实在的,从前的人没现在的那么机灵,不是吗?从前的男人[指他们自 112己]一边顾着厩里吃草的马,一边抄起铁锹在园子里翻地[而且没有犁]。"

这种今不如昔的暗示,大都以干农活为背景。就像父子之间的不爽往往发生在他们最亲密也最常接触的共同从事的经济活动中,社区里两代人之间的冲突,也以相同的形式表达出来。

你们或许会问,老一辈人的话是否有几分道理呢?我的回答是,我既不知道也不感兴趣。而且我觉得乡下人也并不十分在意。老少冲突由来已久;曾几何时,这种对立还郑重其事地在大雅之堂上得以表达。说到这一点,我们要感谢18世纪——那个盖尔诗歌依然活跃的昔日时光——诗人奥拉希利表达老少对立的第一首诗。① 在一场诗歌比赛中,他被唤去为未婚青年(即今天所谓的"男孩")做辩护,命题就是比较年轻人和"年长者"(即结婚并有子女和家产的男人)各自的长短优劣。之后,诗人还参加了就此进行的曲棍球比赛,相当于在另一场地上继续前一场诗歌竞赛的比拼。其实,我们在这里不是要评判谁是谁非,而是关注老少两个群体相互之间所持的态度。帕累托会称这些态度为派生物,而在那些基于在社区里的共同地位而结为群体的人们的情感中,他会找到剩余物。② 这些情感在奥拉希利时代曾经获得仪式性的展现。今日,洛克村民会指给你看一块巨石,就在几年前,乡里的"男人们"和"男孩们"就用它举行了一场大力神的比赛。

年轻人并不认同长辈们对他们不足的数落,他们只是不表态罢了。另一方面,当伙伴们聚在一堆,站在他们自己的角度看问题,年轻人有很多话要说。奖章也有翻过来的另一面。在他们眼里,"过去"没那么金光灿烂。对于那帮脾气古怪的老头,他们一般在背地里笼统地骂声"老糊涂"、"胡扯八道",便置之不理了。就像上一讲里我提到的那个继承了农庄的儿子,他耐心听完老爹的话,转身按他的想法该干吗干吗。小一辈的人自有自己的评判,年轻力壮往往胜于经验老到。

但话说回来,在一个老年人代表亲属关系体系的核心节点,并且享有社区荣誉地位的价值体系里,年轻人并没认清这个问题。在议论老一辈时,他们话里所表现出来的尊重与不服气的成分几乎一样多。特别是在非语言表达的日常举止里,遵命听从是他们的第一反应。这一做法缓解了年轻人聚

---

① 伊根·奥拉希利(Egan O'Rahilly,1670 - 1726),著名的爱尔兰语诗人,创造了梦幻诗律。
② 颇具争议的帕累托假说提出:剩余物(residues)是人们行为的初始理由或动机(尤其是感情);派生物(derivations)则是人们为自己的行为找出的理性借口。

伙时唯我独尊的冲动。处在他们的地位,有必要在俯首称臣与自我安慰式的吹嘘和厌烦之间,找到某种平衡。如果你们熟悉辛格的《西部痞子英雄》,就会记得当社区民众发现他父亲还活得好好时,现实怎样狠狠教训了这个敢撒弥天大谎的小混混。①

所以,在这样的结构框架里,年轻人会自视为一个独特的群体,用专业术语说,即一个年龄级别(age grade)。他们有自己的兴趣爱好和喜怒哀乐,在乡村生活的方式上与长辈们的那套背道而驰。选择不同的地点、拥有不同的嗜好、进行不同的活动,都是他们特有的领域。如果有人建议他们乖乖去参加长老们的例会,年轻人会对此报以平常用来对待女人的一通奚落。但是,他们态度上的自相矛盾,往往使他们难以轻松地表达内心。除非回到同伴中间,他们所处的地位迫使他们闭口不语。结果为了抗衡制约,他们通常显得烦躁不安、百无聊赖、恼羞成怒。乡下尚存的典礼仪式几乎没有留给他们任何发泄的渠道;奥拉希利时代那种可以明确表达年轻人想法的优雅辞令,现在不是遭到斥责,便是转变为拐弯抹角的诉说了。

这两组人的情感皆是年龄地位价值体系的产物。个人依据在体系中的所处位置发表言论和表达情感。这些言论和情感不仅体现了由年龄和地位相仿的个人大致构成的群体,并且勾勒出这些群体之间大致的相互关系,仿佛搭起一座用于分类的脚手架,每人在其中取得与他人相对而处的位置。

在爱尔兰乡下,地方社区给人冠以许多称呼和诨名,它们可以帮助我们了解这个分类的过程。地方上的称呼一般用不多久,而且超出村落的熟人圈,便行不通了。最大的流通范围是在本教区之内。这些称呼可谓昵称,用来表达被称呼人在同伴心中的地位。其中不少也用来泛指,比如前缀人名的"老"和"小",透露出被称呼人的社会位置。因此,这些称呼表明一个人的行为的大致类别,描述的不是生理或相貌上的特征,而是社会学意义上的人。所有发达的社会体系都具有此项才能;爱尔兰农村对此更是利用有加。

地方土话里常听到的两个称呼就属于泛指。乡下人用"圣人"(saint)

---

① 《西部痞子英雄》(*The Playboy of the Western World*)是爱尔兰剧作家辛格发表于1907年的一部三幕喜剧。

来称赞，用"妖婆"(*cailleach*)来谴责，两词都只用于上了年纪的人。从语言学角度严格地讲，它们自然属于比喻。当地人明白这一点，也按其喻意使用这些字眼。"妖婆"是盖尔语，相当于"丑陋邋遢的老妇人"或"巫婆"。而"圣人"当然是由天主教会所宣封的。

但是，乡下人称呼某个同辈为"妖婆"或"圣人"时，他对措辞的纯正运用并不在意。实际上，他是带着某种道德成见在进行社会学的类别划分，是在评价一个上了年纪的人是否履行了农村生活给予他或她的角色。他的思维方式是社会性的；这里说的社会性不是指改良式的社会觉悟——那是不甚严谨的用法，而是指乡下人习惯按照某种社会模式的观念来看问题。前面提到洛克村有位被大家视为家庭和睦楷模的小农庄主，他在社区里"跟谁都说得来，和颜悦色"，这就是"圣人"。另外有个在村里起领头作用的老人，邻居这样形容他：

"那个老爹是典型的爱尔兰人，是圣人。他对别人没有丝毫的坏心眼，总是乐呵呵的。去镇上喝酒，他能站在柜台前一直喝到醉得不省人事，像小孩一样，没有一丝害人之心。他和老朋友罗奇是两个有主见的庄稼汉，什么样的麻烦都遇到过。如果你在农活儿上碰到没把握的事，只管去找他们讨教，他们会给出顶好的建议。年轻人肯听进他们的话，一定受益匪浅。"

我引用这段乡下人的赞美之词，自有道理。它比我的解释更清楚地表明，说话人的思路怎样流畅地、不需任何过渡地，从道德评价转瞬变为传授农活技艺的话题。这种"圣人之气"其实是在履行社会角色；并且只有履行了有益社区的角色时，才算数。有益社区的角色包括从睦邻友好的举止行为，到耐心热情的农活指教。这些绝非个人偏好，而是社区在老年人身上日积月累模式化的行为习惯，是他应尽的"位高则任重"。至于"圣人"一词假借于宗教，不足为奇。这只证明了在西方文明里还幸存着一个社会，那里的宗教神学和百姓信仰还未分家。早期的清教徒和古代的罗马人都会深谙这种状况。

因此，相对的老少年龄之差造成了人们在地方社区里的地位不同。它将每个人纳入价值布局中一个明确的位置，并予之以社区生活里明确的角色。这角色，每个人可以做好，也可以搞砸。

体现这一状况的行为举止,在爱尔兰乡下随处可见,吸引着观察者的目光。但凡乡下人三五成群聚在一起,你便会看到这一现象。社区里的老少关系如同家庭里家长与孩子的关系,从年龄组各方大致的功能来考虑,不难理解。

首先,这事牵扯到特殊待遇和先后顺序。在外人眼里,乡下人的生活方式很简单,没必要搞这些区分。但从内部人看来,这个必要却比天大。上了岁数、获得完整社会地位、领着一帮儿子操持农庄和指挥家庭合作体的男人们——即那些已经或者准备把掌管大权转交年轻一代的长者们,受到的特殊待遇可谓实实在在,毫不含糊。前面我们已经看到,在乡下人自己家里,老辈人受到的尊重显而易见。到了社区,他们的情形也分厘不差。一位小农庄主去另一位家里做客,落座总在火塘旁的位置,而一同来的儿子们却跟在其后,进屋靠后墙边站着。每逢社区里有人去世,众人在灵堂聚首悼念,火塘旁的位置也是专门留给上了年纪的"男人"和"女人";而"男孩和女孩"都凑在一堆靠后站,要等长辈叫到,才能走上前去。在乡间"礼拜堂"里,无论是忏悔还是领受圣体,年纪大的男女一律排在前面。去商店、教堂或集市的路上,小辈人必须压住脚步,因为可能会被叫到长者身边,助一臂之力。

最能体现两代人关系的,要数那些不曾间断的闲聊,对乡下人来说,那简直如同生命的呼吸。再要紧的农活儿也不能阻止半路上碰面的两个乡下人"停下来聊上一整天"。在乡下社区,这种人与人面对面的交流是不可或缺的桥梁,跨越了农庄与农庄之间的地理距离和社会间隔。这些闲聊中,总是年长者掌握时间的长短、话题的转换。凡是众人聚集的地方,酒吧、傍晚熟人串门、做弥撒之前和之后在教堂庭院里的相互问候,等等,所有引人瞩目的角色,比如表明观点、决定争论中哪方有理、引导议论走向,都是年长者的特权。小伙子们只能"听着"。

正是在这样的场合里,乡里的重要消息得以传播人人皆知,政论得到了判别,社区日常问题有了解决的办法。整个过程,"男孩们"一声不吭地听着。那些插嘴表达个人想法的年轻人,实属胆大妄为。

其次,这事关系到社区与外界的交涉。还是这组上了岁数、身为父亲、拥有农庄的男人们,他们可以代表社区利益出面与神父、校长、商人、牲口贩子和政府官员打交道。年轻人则在后面候着。长辈们需要时,他们应声上前,不然就只是听着,有想法也只能留在肚子里。

事实上,老少关系渗入到微乎其微的小事中。所有更好的东西——更热乎的那杯茶,稍厚的那片面包,两枚而不是一枚鸡蛋,填得冒尖的烟斗——都呈给年纪较大的。这最后一项烟叶,可不是儿戏,尤其是在直至今日烟草价格都十分昂贵、必须省着用的地方。农村地区有把烟斗在亲朋好友和来访宾客中传递的习惯,为了试尝烟叶,获得赞赏,还伴着好像带有魔法的比划。但是烟斗传不到小年轻的手里,他们只能偶尔抽到一口"纸烟"聊以自慰。如果纸烟短缺,小伙子们只能作罢。

克莱尔郡的一位农民讲过这么一件趣事,能说明问题:"[战乱]那会儿,烟草很稀罕。有个老头儿走进沙利文[的铺子],想要四分之一刀[的烟草]。老板娘叫他回以前常去的铺子里[去买]。老头儿很失落。他出门后,我对老板娘说,她真该拿些烟草给那老头儿。一辈子抽惯了的人,如果得不到,会馋得要命。我还说,如果是些小年轻,就让他们走,他们并不真想要。可老家伙会想得要命。老板娘盯着我说,弗兰克,你可当真?天地良心,当真,我说,去把老头儿叫回来吧,他刚出门还没走几步。老板娘真把他叫了回来。那老头儿顿时满脸放光,跟她谢个没完。"

虽然这些老少有别的情形都是琐碎小事,却是规范小农群体行为的强大推手。没有这些琐碎,乡下特有的味道就会荡然无存。没有这些小事,也就无法理解乡下人在不干农活时忙得不亦乐乎的那些社交往来。与爱讲究会来事的城里人一样,乡下人也有他们的自娱自乐。研究社会的学者不能觉得这些小事没用而将其置若罔闻。休闲娱乐往往是社会支配人类活动的重要方式。

我和同事们初次进入那几个我们后来非常熟悉的社区时,像是一下子被扔进一大堆观察现象之中,不得其解。我们在当地结识的那些新朋友,至少是其中的男性,每天的活儿一干完就出门上路,跑到这家或那家聚会,找乐子,每晚如此,夜夜如此。待到第二天,我们满耳听到的都是他们怎么整晚跳舞、打赌、唱歌、开派对(ceilidhthe),完全颠覆了城里人脑子里对乡下生活单调无聊、灰暗乏味的印象。他们的有些聚会以体育游戏为主,比如圣约翰之夜节的篝火晚会,是世代相传的习俗。①还有的是围绕人生大事的庆典,例如,守灵、受洗、婚礼等等。其他不少的是频繁不断、顺其自然的即兴小聚。最后还有很时髦的大聚会,比如抽奖赢火鸡,或是围着留声机跳舞。

但没过多久我们的兴趣焦点便从聚会的活动类型转向聚会的参与人。"村子"里人们参与聚会的方式各不相同,但不同群体各自的聚会却相当有规律,几乎固定地在某几户人家里举行。

比方说"老哥们"外出的串门会面,这种叫做库艾尔德(cuaird)的相互拜访,已经成了他们雷打不动的习惯。照他们的话说,"一个男人不出去串门走走,会寂寞死的"。

多数社区里,他们通常总在某一家的屋子里聚,这些聚会还会被冠以这些碰头会别出心裁的头衔。克莱尔郡北边有个村子叫林那莫纳(Rynamona),那里的年长者给他们的聚会起名"众议院"(Dáil)。自由邦成立之前,他们还用过"议会"这个名称。当然这些叫法是为了好玩。不过在下面我们会看到,这些名称所表达的与会者们对自身的评价,还真不是徒有其名。

村里年轻人管这个"众议院"叫"老头屋",敬而远之。林那莫纳村的一位长者从与会成员的角度相当透彻地描述了老头聚会的意义:

"[年轻人来参加]不合适,"他说,"他们一般都在杰克·罗奇家聚,说笑打闹,玩扑克,谈论下一场博彩,下一轮舞会,他们就知道那些,净是瞎折腾[他指的是吹牛皮、讲废话]。只有上了岁数、有家室、有责任担当的男人才来这边聚。我们用自己的方式可以了解很多的事。如果你提出一个观点,可要做好准备为自己辩护到底,得招架来自四面八方的围攻。约翰·罗奇,我们叫他"公诉人",会问一连串的问题,直到最后搞清你到底是对还是错。有些晚上,我们讨论实际的问题,找出解决的办法。别的时候我们聊农活儿上的事。年轻人来这儿真的不合适。不过,等我们老了,他们结婚成了家,也会像我们一样凑到一块,说这说那的。从前一直都是这样,将来也永远会是这样。我们村里的任何人之间不结仇,其中一个原因就是我们把话都说

---

① 圣约翰之夜节(St. John's Eve)是由纪念浸礼教圣徒约翰的宗教活动演变而来的民俗节日。庆祝活动每年 6 月 23 日夜晚举行,时逢夏至,因此亦称仲夏节。

开了。"

这些乍看起来不过是年纪大的人找些伙伴儿消磨时光的事,却让这位老者的最后一句揭开了更深一层的现实。他们的相聚是朋党之会,由地位和利益相近的男人们抱团而成。他们能互送例如"公诉人"这样的绰号,说明他们群体内部的关系足够牢固也足够有约束力。但这是一个在传统环境下运作的派别团体,不单为构成这一团体的老友们办事,也为其他人办。如那位老者所言,起码这伙人避免了村民之间相互结仇。

在这样一个小团体里,研究社会行为的学者可以近距离地观察社会结构与个人角色之间的相互作用。实实在在的案例,可以帮助我们搁置争议,把难题转至新的层面去考虑。我们会看到,研究这样的具体案例时,那个由来已久的命题:究竟是个人影响社会,还是社会塑造个人——社会学者们为此进行了许久的争论——会被置于脑后。因为答案是:两种解释都正确;单方回答都不深刻。随着问题转至新的层面,我们需要思考的是行为与模式化的情感和举止之间的关系。

林那莫纳村的长老会,给了我们一个具体的案例。类似的男性长者聚会的现象,我和同事们在其他乡村社区也了解到,也可以佐证。它们有着明显的相像之处,甚至使用的昵称和绰号都雷同。正如前面向我们解释的那位老兄所说:"从前一直都是这样,将来也永远会是这样。"社会体系可以经耐过去和未来,与空间共存;它的变化是这个世界的时空变化,它的稳定性也紧紧依偎大地和时光。

那么,就让林那莫纳村作为眼下时空的一个例子。林那莫纳是一个面积中等的村落,位于布满石灰岩的克莱尔郡北部乡间。粗糙的石灰岩层裸露地面,从海边铺展过来直至郡北冰川遗留的湖泊溪水地带。林那莫纳是其间的"好地"之一。但无论是搭乘马车还是汽车,去到那儿都绝非易事。从科罗芬镇出发向北通往基尔费诺拉村(Kilfenora)的主路,中途要经过基利纳波伊(Killinaboy)。在这儿,十二栋房子,一所学校,一间小礼拜堂,还有一个邮局,构成这个古老的居民点。只有一座残垣断壁的九世纪教堂和墓地,见证了它非凡的悠久历史。

墓地旁边有条僻径,蜿蜒伸向格兰昆山(Glanquin)和山那边的巴伦

(Burren)石灰岩丘陵。沿着小径在坎坷不平的山坡上行走一个半英里，就来到基利纳波伊的公共用地。这里四散许多小块土地，看得出曾经有人吃力地清除过地里的石块，见证了被驱赶的佃农们曾借此栖身的经历。山坡并不高，丘岭背面是一段约半英里的缓坡，通向盆地底部，那里有一汪小湖。跟着一条崎岖小路走到尽头，便是林那莫纳村。它环绕湖水，静息而居。

这里的农民过得不错。地面上的石块已经搬净，石灰岩石砌成的矮墙把土地分隔成许多小块。石墙之间的牧草绿油油地，茂盛可喜。

八座农舍在小湖岸边不规则的簇成一团，这便是"林那莫纳村"的主体。另外五座零星地分散在地里和湖对面。这些人家加上更远的几户，构成了林那莫纳社区。

各户的农庄都不大，是我们在洛克村见过的那样。没有一家拥有的奶牛超过十只，仅一户有一头耕牛。在八户农舍构成的村中心周围，草地和牧场从农庄院落的墙根向四面八方铺展开去。至于其他几户分散的农庄，他们的草地东一块西一块地，或环绕农舍或在农院背后，没有固定格式。每户除了跟前的地，土地局在约两英里外还额外划给林那莫纳多数村民每户两三英亩的山地。

林那莫纳是村民关系密切的社区。叠加的亲属纽带将所有家户连在一起。照他们的话说，"我们都是亲戚，不论你怎么算"。"搭伙儿"是惯常的合作方式。村民们尽管时有牢骚，但还是主动维修社区通向外界集镇的那条小路。冬季的几个月里，村里儿子辈的青年们敲碎岩石铺修路面，可以领到郡公所发放的工钱。但村里仍按包干的办法分派每户一小段路负责维护。小路烂得没法走时，也无大碍。人们长年累月踩出的迷宫般错综交织的条条小径，穿过田野，通往四面八方。

村口进去第三栋房子是老奥多诺休家，就是所谓的"老头屋"。邻居鲁恩太太会告诉你这位老者对于村里的其他男人意味什么。"现在老先生身体越来越弱。他走后，这个村子再也不会像现在这个样子啦。他的离去将是最大的损失。就是靠着围坐在他家的炉火旁，男人们才聚拢到一块。他死了，他们上哪儿去呀？"

但村里的男人们目前对此还不担心，他们几乎每晚都到这儿来，尤其在夜晚悠长白天干活时间最短的冬季。晚饭后不久,他们便陆续到达。偶尔一两个常客会缺席,但来的总是同一伙人,跨过门槛进屋时他们会嚷一声"上帝赐福各位在座的",然后坐到习惯的位子上。

奥多诺休坐火塘右边的椅子,那是尊贵的上座。他年事已高,户外活动基本不参加。他和50岁的侄子和侄媳住在这儿。这对夫妇没有孩子,所以打理农庄必须靠他们自己。好在侄子经营有方,大部分决策听从老人的,农庄搞得不错。

奥多诺休是会上的"法官"。在每晚围着他家火塘展开的讨论中,他扮演决断的角色。在座的众人视奥多诺休为智者,必须听从他的意见。通常他只吐出一两个字的断言,或者缓慢而有分寸地说出他对讨论话题的评判。他从不新起话题,偶尔才会插几句一般性的话。而就这几句,足以显示出他拥有的笑料和轶事精华,绝不输给其他任何人。奥多诺休很少泛泛地一概而论;只有当谈起"从前的时候",他才用上总结性的语气。

这位几乎一言不发的精明老人,占据着这伙人的核心位置。会上的观点和提问经他的修辞而定型。他从漫谈的话头里挑出一个,交给其他成员讨论。众人最终达成共识后,他不动声色地说一句"那就这样吧",一锤定音。

奥哈罗兰隔着火塘坐在奥多诺休另一侧的炉台上。在几乎每人一顶滑稽头衔的名单里,他叫"拉下来的话匣子"。奥哈罗兰五十多岁,经验老到。他的农庄在村外不远,比大多数人的要强些。他和妻子及六个孩子经营着农庄,长子年近三十岁。由于双亲过世,奥哈罗兰是农庄上的"长者"和"一家之主"。但他个人的本事更大。人人都说"他有个聪明脑瓜"。奥哈罗兰可谓见过大世面,从前当推销员时他跑遍爱尔兰南方所有的道路。虽然在会上他偶尔提出反问,村民们对他的政治立场也有些吃不准,他们如今个个都是德瓦莱拉政府的人,但奥哈罗兰绝对是他们中的一个。

"拉下来的话匣子"的昵称用在奥哈罗兰身上十分贴切。他收集情报。几乎总是他先把白天的要闻和问题一一拉出来,说给奥多诺休听,后者再转交给在场的各位讨论。奥哈罗兰与多数在座的各位一样,善于利用准确叙述的趣事为要说的观点做最恰当的解释。当然,他的首要任务是"把话题拉下来",拉到一般人感兴趣的水平。

另一个炉台上坐着奥罗克林。在这伙人里,他其实没有真正的位置。一个五十岁开外的单身汉,虽然人在这儿,却没话可说。他几乎从头到尾一言不发,难得打破沉默的一两句话,不过是为了附和全体的意见。像他这样独居的单身汉,贫穷又没家眷,既不能与别人搭伙儿,也没能力整好自己的土地改善处境。偶尔他和村里"男孩们"一起敲碎石灰岩块用来修路。在会上从不吱声的他,自然也没有头衔。

"公诉人"罗奇坐在火塘前左侧的椅子里,跟老奥多诺休对面。年已花甲的他有妻室和一对未婚的子女,两个孩子年过 30,仍住家中。他的农庄相当不错,由他主管。罗奇在社区里以精明著称,但在这个长老会里他另有一份角色。罗奇喜欢一个劲儿地问"为什么",迫使别人亮出最好的观点和论据。他总是抓住一点毫不迟疑地追问到底,直至有了结论。这时,他的兴头会戛然而止,转身让位给"法官"奥多诺休对大伙的一致看法做最后的总结。

罗奇"公诉人"的头衔名副其实,他善于挑战大家的勇气和毅力。没人会因为他的"诉讼"而恼火。他通过不停的发问摆出了问题的症结所在,辨出了对错。在此基础上,大伙方可达成共识,奥多诺休也才能一锤定音。

在他们两位后面靠近屋子中央的地方,坐着"参议员"卡利南。他住在湖对岸,与妻子和五个子女打理一个中等水平的农庄。儿子将近二十五岁,卡利南本人几年前就年过半百了。

这位"参议员"是有分量的人物,扮演了一个性格角色。在座的人当中,他的拿手好戏是不断地提供令人信服又恰到好处的轶事案例。这在凡事必定参照过去和传统先例的组织机制里,卡利南那对既往人物和事件缓缓道来却十分精准的回忆,虽然难免表演得煞有介事,确实给晚间的讨论平添了不少"分量"。

在这些人身后更远些,还有两位常客,他们或依在厨房的高背长椅上,或靠在桌边。年龄稍长的是鲁恩,约莫六十岁,他和比他年轻许多的妻子住在村里。相比曾经多子女的同辈,他们只有两儿一女,都二十多岁,帮着父亲操持由他主事的农庄。

至少在私下里,屋里的人多少觉得鲁恩"有点傻"。不错,鲁恩和别人一样是个好庄稼汉,集市上讨价还价也有一手。可来这里串门恳谈,他就显得分量不足了。他是个话篓子,甭管什么时候、什么话题,都有他插嘴的一份,活跃了会场的气氛。但他的喋喋不休也成了他的弱点,在"公诉人"咄咄逼人的逻辑追问下,不堪一击。不管怎么说,鲁恩能使讨论持续热烈。所以,虽然他没有像样的头衔,却是这里不折不扣的老成员。

和鲁恩一起坐在后面的是比他年轻的约翰·奎因。不管论出生还是血统,他都是土生土长的林那莫纳人,但他的地位有点与众不同。奎因的农庄就在村外不远,经营得相当好。他是倒插门女婿,取代女方去世丈夫的位置。事实上,依照乡下的习俗规矩,跟他结婚的不是那位寡妇,而是寡妇带来的一个妹妹。现在两姊妹都住在家中,姐姐升至"老妈"的位置,妹妹和妹夫也以对家长而不是对同辈的方式来待她。实际操持农庄全靠奎因和他媳妇,他们也把农庄视为己出,尽心竭力。一切可谓皆大欢喜,但只差一事:年过半百,他们还没有孩子。

因此,根据乡下年龄级别的划分,奎因既不是完全意义上的年轻人,也不是地道的长者。他在这个晚上串门会的座席位置,恰好反映了他的不确定的状况。我和同事在林那莫纳村做田野观察的两年里,奎因正在经历一场转变。他自己也说不清这是怎样一回事,但这场转变在他的行为上表现得一览无余。

我们刚来村里时,奎因有一半的晚上待在老头屋,另一半花在年轻人打牌的几个地方。在后生们聚会的地方,奎因是头面人物。他宣布个什么事,伙伴们毕恭毕敬地听着,他显得颇有"分量"。他那一本正经的架势里,透出对琐碎追求的鄙夷。

可到了老头屋里,奎因变得判若两人。他通常静默不语,或只甘于回答问题。待到他张嘴,用乡下话形容,他又往往"做得像个不明事理的小子"。他的表现起伏不定,没个准形儿。昨晚他可能不吱一声,今晚却显得急不可耐地要逗大家乐,又是唱歌,又是插科打诨。他的这些努力,有的蛮成功,有的不见效。

这种混混的角色,奎因没能坚持多久。一年后,他成了老头串门会的常客,别的聚会他一概不去。他终于挪进了这个圈子。一天晚上,"法官"奥多诺休的一语断言确定了奎因的新位置:"他虽然有点淘,可扛了个好使的脑袋。"

就是这样的七位男人,构成了村里年长者的串门会议班子。不难看出这个小团体的内在关系相当密切。他们有自己的行为准则和价值观,足以根据每人在团体中的作用使其成为相应的人物角色。

同时,这个小团体还有外在的一面。要想明白林那莫纳村为什么会有这么一组人,我们需要了解它在社区里所处的位置。事实上,这七位上了岁数的人并不是村中所有的老汉。"公诉人"罗奇有个哥哥,住在林那莫纳村和卡胡纳马德拉(Carhunamadra)村的交界之处,有座不错的农庄。可惜老罗奇已经 75 岁了,身子骨日渐衰弱,难得出门,主要靠他的几个"依然年轻"的儿子们打理农庄。

还有一位老汉,莫罗尼,比罗奇的哥哥活跃多了,算得上是林那莫纳村"最棒"的小农庄主。他家的房子是这片最好的,农庄的设备也最齐全,他和 60 岁的妻子,加上年近三十的一对儿女,一齐经营。每年,他代表全家在"小礼拜堂"向教会缴费,数额在村里首屈一指。殷实富足也拉开了莫罗尼和其他村民的距离。讨论政治话题时,他偶尔显出站在科斯格雷夫的党派一边,①像是很在乎"国家利害攸关"的大事。

所有这些让莫罗尼有点不合群。据说他年轻时曾与人发生过争执,但细节已没人记得了。无论怎样,裂痕已在。莫罗尼从不踏入老头屋。

一方面,不是村里所有的老汉都来奥多诺休家串门,另一方面,也不是村里各家各户都有代表。我们看到的约翰·奎因所经历的转变,在有些家庭里连冒头都谈不上。两个例子可以说明。奥布赖恩,40 岁,已婚,双亲过世,几个孩子未满 15。他在年龄和地位上可以说已经够格了,但他并不急于开始这场从年轻人到年长者的过渡。奥布赖恩性情使然,暴脾气上来时,不管不顾。他很少出门,出门也是去年轻人博彩的地方。

---

① 威廉·托马斯·科斯格雷夫(William Thomas Cosgrave,1880－1965),爱尔兰政治家,支持英爱协议并于 1922 年当选为第一任自由邦的总理。在 1932 年的爱尔兰普选中,他领导的统一党输给了德瓦莱拉领导的共和党。

另外一位，麦基，所谓的过渡阶段几乎还没开始。父母过世后，农庄就归他了。但他成婚不久，大约一年前刚把一个弟弟安置到了镇上。麦基现在仍然跟小伙子们泡在一起。

这样，排除了这几个解释清楚的例子之后，老头屋便包括了村里所有拥有家庭和农庄的父亲们。所以，它是由结婚成家的男人和，按先前引用过的当地话说，"负有责任"的男人构成的。尽管他们的串门会并非正式，但它联合了社区里所有具备完整社会地位的男人们，并以其特有的方式清楚地显示并传递了他们的地位所给予的影响。

正如它的别号"众议院"所表明的那样，这个小团体是为了商讨和决策而建立的，此乃它在整个社区所起的作用。通过这几位长者人物，通过他们的协商，林那莫纳社区实现了团结一致。

年长者在家庭和社区里的优越地位，与互惠关系中他应当起到的那一半作用密切相关。这份担当把他与从属他的人团结到一起，并使他"位高则任重"。同样，长老们的这个团体，也按此道理运作。

在老头屋里，乡下人的生活方式有力地左右着每位长者。这里是老伙伴们的"议会"。无论在这村还是在别村，那些交由成员审议、争执不休的话题几乎一模一样，年复一年。农业话题似乎总居首位。什么时候播种、什么时候开镰、什么时候抢收，讨论来讨论去。在会上，价格进行了比较，新的农作方式得到了评判。最受青睐的还是传统的做法，为此还援引出千丝万缕的传奇轶事、成语典故和陈年旧事。

经过长老们的争执讨论和达成共识，社区与外界关系的问题也定了下来。近几年，这方面的事务被叫作"政治"。事实上，绝大部分郡公所和管委会的日常事务，例如以工代赈修建道路的项目申请，扩大农业生产的奖励机制等等，都萌发于地方社区的串门会上年长者们的讨论。也正是在这个场合，社区达成了党派竞选时投谁一票的一致意见。林那莫纳有个共识：为了所有人的利益，在政治问题上不应发生分歧。所以就连"拉下来的话匣子"奥哈罗兰也会有所顾忌。他请我们不要把他个人的异议说出去，并解释道，"我可不想让他们觉得我跟他们不是一伙儿的"。所以也难怪，爱尔兰整个农村地区所选择的政治效忠，一直是国家政治中恒定的影响因素。

社区的内部事务经年长者们的讨论而达成共识。在这一活动中,我们有机会触碰到人群中那股虚无缥缈又确实存在的力量:公众舆论。这力量并非刻意的执行,不过是闲言碎语、指责埋怨。但在诸如土地纷争时期那样的关键时刻,它会导致人们振臂奋起,采取不得已的最后行动——抵制,并以此赢得国际声誉。①它的能量不可小觑。

在爱尔兰农村,这股能量流经的地方团体还起着另外一个作用,与其身为公众舆论中心的作用密不可分。老头屋的串门会所聚拢的成员们,是一座活生生的传统博物馆。像洛克村这样依然在讲爱尔兰语的社区里,许多上岁数的人是讲故事的高手(seana-chaidhthe)。他们的特别保留节目中有古代传奇、英雄历险记和民间传说,吸引了一批忠实的听众。拥护和传诵仙子传说的人过去是现在依然是老头和老妇的这一事实,绝非偶然的社会现象。地方上的生活模式正是通过这些年长者得以延续,并尽可能地保持着与过去一致。

那么,还没取得完整社会地位的年轻人,他们又是怎么做的呢?他们不去老头屋,压根不参与那里的议事和决定。年轻人站在自己的立场,在其从属地位允许的范围之内,对年纪大的那伙儿人嗤之以鼻。每天晚上,他们也外出串门,同样在这家或那家碰头聚会。

林那莫纳村的小伙子们晚上外出聚会的热情丝毫不亚于老头们,但他们的做法迥然不同。他们没有形成像老头屋那样紧紧绑在一堆的核心团体,聚会的动机也不像老头们那样有多了不起的理由。坦白地说,他们乐意串门是因为"跟其他男孩儿在一块,你根本感觉不到时间一下子就过去了"。他们喜欢兄弟或朋友之间两两结伴,要不就三五成群地在一块打扑克,或者晃着膀子并肩在路上走。年轻人的聚会有一个显著特点,极少听他们议论社区里的事。他们之间没有争论,没有达成协议的程序,也从不引经据典地谈论传统和追忆往事。小伙子们聊的多是自己的计划,分享那些与他们年

---

① 英国土地经纪人查尔斯·博伊科特(Charles Boycott, 1832 – 1897)在 1879 年爱尔兰梅奥郡庄稼严重歉收的状况下,拒绝佃农减租的请求并要将其逐出。爱尔兰土地同盟号召所有佃农断绝与他的任何对话以示抵制,boycott"抵制"一词也由此而来。

龄和处境相仿的年轻人进行的各种尝试。在他们的团伙里,引以为荣、获得头衔的本事和技巧,完全是另外一套。就连农活方面的话题他们也很少聊,尽管农忙时他们之间的竞争也是毫不相让。

林那莫纳村的小伙们最常扎堆的中心是"公诉人"罗奇家。罗奇的大儿子在农活方面是响当当的一把好手,30岁左右,在年轻人里算是个头头儿。村里大部分25岁至35岁的青年都会跑到他那儿去。整个冬季的月份里,他们差不多每晚都在他那儿玩牌,玩"拿破仑"和"四十五分"那些乡下最流行的玩法,经常通宵达旦。社区里其他青年的聚会形式与他们的大同小异,跟风的喜好也一样的疯狂。

有时一个更有组织的地方习俗,"博彩",会把他们统统拉到一块儿,甚至打破社区界线把别村的后生们也都招来。每个礼拜至少有一场赌局在林那莫纳村或附近某处举办。轮到谁家做东,他便门户大开地欢迎诸位牌友。入场券通常是一先令,用来支付所有客人的晚餐和茶水,以及获胜者的奖品。

博彩是地方诸多的赛事之一。奖品可能是一只火鸡,或两只鹅,有时甚至是一只猪仔或牛犊。名目繁多的条条框框给游戏设立了规则,脱颖而出的胜者着实引此为傲。被远乡近邻看作是个"了不起的赌棍",婉转地证明了此人精明非凡、技艺超群。另一项赛事是乡村舞会。它把几个社区的青年聚到一块,把荣誉桂冠授予他们中间的佼佼者,也给寒冬腊月里的乡下平添了不少生气。"伟大的舞者"会成为家喻户晓的名字。另外,具有民族特色的爱尔兰曲棍球比赛在夏季举行,有着异曲同工的效应。如今,此项赛事由全国性的盖尔人体育协会主办,胜出的"最佳曲棍球手"会获得所有爱尔兰人的敬仰。

但回到家里,回到地方社区,年轻人依旧还是老样子。取得的卓越成绩丝毫没有提升他们的社会地位,他们的特技也不过是娴熟而已。处于从属地位的年轻一代的种种追求,仅仅是"消磨时光"里的那些"美好时光"罢了。年轻人的团体所举行的活动,单靠成员的价值观和行为的社会组织形式,却没有特意的规划和设计,在社区里没有起到更大的作用。

他们的团体没有帮助社区凝聚得更加牢靠。从结构上便与老头屋的聚会截然不同。年轻人热衷的活动的确把他们联合了起来,打破了农庄之间、团伙之间,甚至社区之间的隔离。然而,尽管在短时间内参加博彩、乡间舞会和曲棍球赛的人数远远超过长老会的成员,但年轻人的聚合要松散得多,真正涉及到的面也没有老头屋的议事所涉及到的广。

年长者的团体以其权威之声联合起了年老的和年轻的双方。它能团结上了年纪的人,是因为他们享有相同的个人地位,都是社区里受尊敬的人,都是家庭合作体的拥有者和发号施令的头头。老头屋表明,年轻人在社区里的地位与他们各自在家中的归宿一样,处于从属听话的位置。

透过林那莫纳村的这个例子,乡下人在农村生活中要经过的阶段,一目了然。正常情况下,他交往的朋友和同辈的圈子必须更换和前移。总有一天,他或他的伙伴们必须与对方一刀两断。年轻人的世界所追逐的杰出和荣耀,都是一时新奇过后即忘的事。最显赫的名声,短不过几天,长也撑不了几年。他终究要面对新的情感取向,新的行为方式。如同婚姻使他迈入新的社会位置,在社区里他也必须选择新的伙伴团体,然后和他们一起走下去。

根据这一新认识,我们可以回过头来再次观察林那莫纳村的约翰·奎因,就是老头屋里来的那个新成员。奎因最初常去一个叫约瑟夫·麦克马洪的家里聚会。此人力大无比,大伙都叫他奥斯凯尔,即爱尔兰英雄传奇故事里的大力神。奥斯凯尔是这帮人的主心骨。他是个乡下木匠,只有一块园子和一栋房。但他手艺精湛,歌喉动听,乐天派的玩笑不断,还称得上是个民间故事篓子。奥斯凯尔的年龄大约在 45 岁和 50 岁之间。

围聚在奥斯凯尔火塘周围的男人,小的 35 岁,老的年上花甲。他们的爱好跟他们的年龄相仿,也大约在青年和老年之间的范畴,聊天是惯例,不常打牌。奥斯凯尔的歌声和民谣,给聚会注满了生气。

有些人在这里讲话有"分量",也曾试着把这儿的闲聊改为讨论有关社区的正经事。老莫罗尼,那位林那莫纳村"最棒"的但不愿去老头屋的小农庄主,就上这儿来。约翰·奎因过去也来这儿。我们前面说过,在去老头屋之前,他在这儿说话是很有"分量"的。虽然博彩时他玩得尽兴,但越来越受不了年轻伙伴们身上的"小混混劲儿"。还有一个,奥沙利文,65 岁的牧民兼地方"兽医",也常来。其余的都是些村里的年轻后生。

但这是一个很不稳定的群体。当约翰·奎因终于决定往前去到老头屋那儿,这组人也就七零八落地散了。每晚,奥斯凯尔的火塘边,再也没什么光顾的人影了。

这里上演的是一幕过渡阶段的情景,群体的成员是林那莫纳村那些在某些方面不太合群的一组人。在一段时间内,一些可以向上移动的人,例如奎因,凑拢到这儿。但渐渐地他们获得了完整的身份,可以移进那个集中了家庭主管、土地拥有、继嗣传承、社区长者一揽子角色的社会圈子里了。对他们而言,奥斯凯尔的火塘只是在社会途径进程中路旁的小憩之地。

与过渡阶段的人物同时聚拢到这里的,还有另外一类来自非主流社会地位的代表。木匠奥斯凯尔和"兽医"奥沙利文,这两人都是社区里的重要人物,他们的职业和技艺赢得乡下人的尊敬和仰慕。年纪稍大的奥沙利文还可以随心所欲地来去自由。然而,他俩都是"没有土地"的男人,永远不能获得完整的农民身份。在爱尔兰家庭至上观念的识别方式里,他们被判定为单身汉。如果他们出席村里长者们的串门议事会,两人都不会舒服,因为那里没有他们的位置,除非像奥斯凯尔那样扮演"混混男孩"的角色逗大伙乐。所以,在乡下社会生活的结构秩序里,他们只得在夹缝里生存。

上面对农村生活的详细探讨,让我们再次回到结构平衡的概念。社区的组织形式来源于乡下人中间的那些团体的社会行为。与其密切相关的,是把两代人分开同时又将他们结合的典型的老少情感和老少利益的秩序排列。这种排列借助于能对名望、支配权、土地财产和继嗣起到平衡作用的家庭之上的观念,将社区里的所有男人根据其相对年龄而连接在一起。在众多的爱尔兰问题评论家中,唯有霍勒斯·普伦基特爵士清楚地意识到,乡下人紧紧依附的年龄关系其实是一种社会秩序。社会秩序具有旺盛的生长活力,并迅速地拥抱了整个生活。

第五讲　店铺、酒馆、集市

对于乡下人，城镇在诸多方面是一个陌生的甚至充满敌意的世界。他能感受到城里人对他的土包子气的轻蔑；反之，他对都市的生活方式也疑心重重。然而，城镇吸引着乡下人。在这一点上，爱尔兰农村与世界上其他地方没什么两样。城镇带走了他的儿女，也给他带来外面世界的气息。说到底，都市是个相对而言的词。大都会的声名显赫来自于无穷的层级；哪怕最小的村落也会具有超级都市的成分在里面。大都会里人们偏见的细微层次，一点儿不差于乡间小镇里的；而乡镇冒出小地方佬的速度，也不亚于伦敦产出大个的。他们可能怀揣与约翰逊博士同样的感受：全苏格兰最美妙的前景，就是通往伦敦城的大路了。①

如果把超级都市比作世界的十字路口，乡下的镇子也毫不逊色。两者区别仅在规模的大小。纽约的百老汇大街，伦敦的皮卡迪利大道，巴黎的歌剧院广场，在任何一座乡间小镇都能看到与它们遥相呼应的靓影。

在爱尔兰，这个比喻的恰当性比人们首次想到时愿意承认的要多。爱尔兰的镇子一向是十字路口构成的中心地带，既是集市闹区，也是行政机构的所在地。这里的经济活动不是生产制造，而是流通分配。工业革命与爱尔兰南方擦肩而过。店铺、酒馆、集市，给小镇生活注入了新鲜血液，同时也连接疏通了内地与外界的世界。许多集镇依旧对农贸商品征收摊税，仿佛古老的石墙城堡仍然壁垒环绕。很多镇子没有供集市摆摊的公共绿地，于是每逢赶集的日子，镇上所有的大街小巷便统统开放，到处是商贩的叫卖声，男人们在讨价还价，成群结队的牛儿走来走去。此刻，小镇将自己的一

---

① 塞缪尔·约翰逊（Samuel Johnson，1709－1784），著名英国散文家、文学评论家、诗人和词典编纂者，人称约翰逊博士。该引语出自其挚友詹姆斯·鲍斯韦尔（James Boswell，1740－1795）撰写的《约翰逊博士传》（*Life of Samuel Johnson*，1791）一书。

切毫无保留地交付给了它赖以生存的乡下。

今天人们前往多数爱尔兰乡间小镇的方式,与16世纪时基本一样,尽管现在可能有条新修的汽车公路直达镇中,或者可乘火车抵达镇边后,再换轻快双轮马车驶入。一条条道路从四面八方射向小镇中心;从镇外起,各式各样的工匠和手艺人的茅屋作坊便开始出现在街道两旁。继续往前走,作坊逐渐被店铺和酒馆取代,愈靠近中心地区的露天集市或中心广场,铺面也愈加高大神气起来。最终,居于集镇核心位置的通常是最有价值的商品的交易之所——地方银行大楼,它矗立在那里俯瞰着脚下的一切。

街面店铺之间有一些小巷,通往在镇上干体力活儿的人们的栖身住所。相隔一段空间之外是矫饰炫耀的房屋聚成的居民区,傲慢地自成一统,还有几栋灰色建筑是地方政府和法院办公的地方。然而,那些发源于乡间深处的纷繁小路,在连接上两侧店铺林立的小镇街道后,最终汇聚到一点上的还是集镇中心。乡村和集镇的生活,就这样沿着这些交汇的大路和小径,相遇而相融。

城乡之间出现的交融体现了一场历经悠久的斗争的近况,最终胜出的还是乡村。这是一场同化的征服,如同中国汉人的生活方式最终同化了入侵的胡人。在爱尔兰历史上,城镇最初是,并且在过去很长一段时间里始终是,舶来的生长。在伟大的凯尔特文明时代,修道院和皇室是爱尔兰生活的中心。之后的凯尔特-诺曼底人修建了碉堡,但鄙弃围绕整个都市修建城墙的必要。市镇最初由丹麦人引入;那个年代,所有的爱尔兰城市中最后只剩下戈尔韦不是北欧人的定居地。接下来,在连绵不断的英国敌手和异邦文化发动的战争以及对抗他们的战争中,城镇多次易手,先是被爱尔兰地方生活所同化吸收,继而又被异邦文化重新占领。难怪三百年前,戈尔韦的城门上留下了那句著名的碑文:"主啊!拯救我们远离奥弗莱厄蒂族人的熊熊怒火吧。"① 最初,法律甚至规定不准任何爱尔兰人进城;不久又下令不许爱

---

① 奥弗莱厄蒂(the O'Flaherty)是始于10世纪生活在戈尔韦郡西海岸的爱尔兰宗族。1230年代诺曼人入侵戈尔韦后,奥弗莱厄蒂族人对其不断进行围袭,搅得占领者不得安宁,后者于16世纪中叶在戈尔韦老城门上刻下此文。

兰人之间相互交易。所有的市镇要保持英国范儿，之后还要求必须按新教教规行事，那些遍布大街小巷的商人市民，必须保持英国血统和英国习惯等等。

当然，所有那些今天已经消失。爱尔兰人安居在他们自己土地上的城镇里，他们的血液和习俗主导这里的一切，重塑了大小城镇里的商贸活动。这个变化是一个缓慢而不懈的发展过程，在政治和文化纷争的表层之下沉静地涌动。同时，与所有的成长一样，这也是汲取和融合的过程。今天，如果不经意地放眼望去，爱尔兰镇上的店铺、商贸活动和社会生活，与遍及现代西欧的所有小镇里看到的，无甚差别。

这段言简意赅的回顾，为社会人类学学者感兴趣的现实提供了历史背景。在如此的情景中，他可以探究这场征服中所形成的社会纽带，并通过它了解并分析那些促成乡下人参与外面更大世界的各种因素。几个亟待调查的领域就出现在这一镇乡关系上。今天，镇里人和乡下人以各自的方式，平起平坐地构成了我们称为爱尔兰社会的整体。双方以各自的优势同对方打交道并与对方建立起关系，而建立这一关系的方式在某种程度上又决定了这个社会整体的形式。它是长久以来市镇与乡村之间互惠互利的一个范例，吸引我们进一步去了解。

在今天的爱尔兰，这一镇乡关系确切而显著地表现在店铺主人和小农庄主的关系纽带上。在自由邦的西部和南方，地主已经销声匿迹，真正的大型农场主也甚为罕见。市镇的腹地便是小农庄主的天下。市镇靠着与地方社会秩序的关系而生存，地方社会秩序又是乡下小农的万千所依。只需微微掀开世俗表象的一角便会发现，市镇与乡下连接的内容远远超过经济范畴里的分配和交换。

首先，店铺也是家庭至上观念当道的地方，类似土地和家庭农庄的情况。爱尔兰的店铺，起码在数量上，比欧洲任何一个可类比的国家都要多。全国相当大的一部分人靠零售业谋生。不过，千万不要以为这些遍及爱尔兰小镇数不清的店铺个个都是大型百货商场，或是全国性连锁商家的分店。当然，大城市里确实拥有前者，而被称作"联号"的后者则是新近的舶来做法。两者在小型集镇里都还没有形成气候。典型的集镇店铺并不起眼。一般情况下它只能养活经营店铺的那一家人。

这样的铺子多为一座两层小楼。楼下的一层前后均等地一分为二,前面一半用来做生意,后面一半是家庭厨房。从正面看去,整个店铺就是一间单进深的屋子,宽度与小楼的正面宽度相等,从店门向外抬腿一步便是街道,店内有柜台、货架、库存和钱柜。这家人一辈子的生意买卖,就在这间屋里运作。店铺的后身是厨房,地面由形状不一的平面石板拼接而成,开放式的炉灶,俨然一套乡村农庄厨房的复制品,只是更讲究些罢了。店铺的厨房也和农庄的厨房一样,是家庭生活的中心。

楼上,面对大街的屋子前部是接待客厅,几幅家庭成员的肖像,装饰雅致的壁炉,一两件上等的桃木家具,烘托出正式的礼仪气氛。客厅后面是家庭成员的几间卧室。在殷实并富有格调的家里,楼上可能还设有一间供家人使用的起居室。如此布局是因为店铺并不仅是做生意的地方。它首先是一户人家;只有家里的一部分——并且仅仅只有那一部分——是为外界事务而设。

多数情况下,拥有和依靠这家店铺过日子的家庭成员,经营店铺的方法与农庄家庭经营土地的方式几乎相同。一个店铺家户是一个共同合作体,家里每人都要伸手出力参与,每人在家里也都有自己的位置。丈夫和妻子一起照看柜台,接待客人,店里的日常打理两人均摊。子女们只要还在家里住,就帮着售货。除非有朝一日这家人变得足够富裕,铺子的名声足够大,店主挣得了商人的头衔和身份,业务也从零售扩展到批发,只有到了那时,这个家户店铺的格局才会彻底改变。

然而,尽管家庭至上观念主导的店铺自给自足,乡下人与它却有着多重关系。一方面,镇上的家庭小店平静地过着自己的日子,做买卖的方法与农民操持农庄的方法显然不同。并且,镇上的生活滋养出特有的情感,编织出它内在的关系网络,形成了镇上人特有的举止、感觉和价值观念的社区。但另一方面,虽然镇上人的自我隔绝排斥乡下人,但两者间的距离并不远。首要而且显而易见的纽带就是经济往来。乡下人来店里买东西,商品越过柜台到了他们手中,既给铺子带来了现金,又帮他们把在集市上卖掉农产品所获得的钱款兑换为零售的日用必需。

但爱尔兰的生活里,仅有经济纽带的关系还不够牢靠持久。时光与同化的力量还围绕经济活动编织出一套社会行为模式。而这正是乡下人将自己的社会秩序向市镇的延伸。在这延伸中,集镇成为表达乡土情感的闹市。

爱尔兰各地的小镇上流传一种说法,巧妙地概括了小镇生活的变迁规律:"乡下人蜂拥来到镇上,镇上的人都被挤得没影了。"稍微花点时间调查一下,实情了然。虽然小镇与乡村同样是家庭至上观念的天下,但不同的是小镇世界处于缓慢的流动之中。一户新家在镇上开了间铺子或酒馆,或走红或衰落,然后渐渐从小镇生活中消失。他们或许因为受到身后乡下新鲜血液的压力挺不住了,或许由于经济和社会地位的升迁而进入了专业职场。有些小镇家庭在漫长岁月里经受住了变迁;人们会时不时地指给你看这些人家户,他们作为镇上的市民已有上百年甚至更久的历史。而别的家庭则可能在一代人之内经历剧烈颠簸,或没落隐退,或飞黄腾达。但是,他们所有的人都感受到这股不可抗拒、推力极大的流动;这流动本身就是集镇生活的一部分。

真的是乡下人的活力横扫了爱尔兰的小镇吗?据我了解,凡有类似情形出现的小镇和城市生活里,通常听到的解释都是如此。在爱尔兰和所有现代国家,已经有大量报道在讲述变得脆弱不堪的城市及近郊生活。哀叹城镇遭遇到扫荡的论调成为了一种时尚;它们痛惜老旧事物被涌进城镇的新血液、新名字和新面孔推搡得无立锥之地。镇上原有的地标性建筑被改得面目全非,世代家族正在神秘消失。或许可以惊呼,一股新的蛮荒之洪正在冲刷一空受过良好教育的都市阶层的生活血液。

如此的看法实在过于盲目。这就如同靠得太近去看眼前的东西,结果只能是散光造成的模糊。它完全忽视了构成我们人类社会的——尽管非理性非计划性的——人的行为和情感是怎样组织起来的,把社会发生的有秩序的变化误认作脆弱和衰落。

用这种盲目的方法看待爱尔兰南方,结果只能更糟。给镇上人施加压力的乡下人并未以超凡的活力把前者赶跑;镇上人也没有在脆弱和衰落中隐退。其实,双方只是被制约在塑造了他们多少代人,塑造了他们的欲望、雄心、成功和失败的社会模式之中。历史与习性造就了一系列社会途径,几乎跟白蚁巢穴里的条条通道一样，来去分明；但是历史与习性并不介意具体哪只白蚁顺沿这些小径前行。假如真有活力存在，那只能按照行者走在各自小径上的轻松程度以及他的经过给小径带来的变化而定。

我这么讲，肯定会被指控是个在理解人类问题上带有神秘色彩的、彻头彻尾的宿命论者。但是，让我们跟随乡下人和镇上人去看看，我的邪说是否在哪些方面有道理，在哪些地方需要修正。

在我和同事比较熟悉的几个社区里，乡下顾客把生意带进某家店铺是出于对亲属关系和友好情感的回应。他会固定"拜会"某位店铺主人或酒馆老板，如同他在乡下有固定"搭伙"干活的朋友。虽然这不是他唯一上门的动机，却是占首位的动机。他从属的社会规矩使他乐于接纳镇上的店主，生意便随友情同行。说真的，许多店铺几乎完全依靠"家庭贸易"而得以生存。其余的店铺也熟谙家庭贸易是立身之本的道理。

我们清楚，亲属关系和朋友关系是你来我往的互动。所以，店铺主人反过来也与他的"贸易家庭"绑定，对到店里购物的"乡下堂兄表弟"也负有义务。如此一来，一束其意义远高于零售经济并且经久耐用的纽带，由此结成。乡下人对于这束友好纽带的含义了如指掌；它在他与店主的关系里灌注了对他有利的东西，激发出情感、习性和互惠的劲头。店铺主人的这一方同样可以依靠这束纽带。尽管他会被对方提出的要求所困扰，然而，他也能够好好地依赖这层关系带来的种种期待。

普通的零售小铺和酒馆就是靠这束关系纽带而谋生。多数情形下，这层关系在生意买卖中加入了社会内容，并随着店铺在经济交换领域的分配功能的所到之处而一起蔓延。如果这层关系衰弱、殆尽，店铺就跟着萎靡、消亡。由于整个家庭依靠店铺谋生、获得社会地位和维持成员之间的合作共存，所以一旦铺子倒了，家也就完了。拥有一家店铺意味拥有身份和名望，标志着这个家庭的社会地位，这与在乡下拥有"土地上的农庄"具有同样的意义。印在"店铺上的姓氏"相当于乡下人烙在"土地上的名字"。颇具象征意义的是，在现实生活里，店主的姓氏真是一字不差地印在店面上；爱尔兰的小店铺面就是简单地在店门上方悬挂一个大字——即家族的姓氏——向消费大众表明铺子的所在之处，全然无需宣传这家铺子经营何种零售商品的广告。所以,当"家庭贸易"停止,那枚姓氏也就在店铺世界里荡然无存了。

因此,在爱尔兰集镇上做生意,不是疯狂地四处寻找又好又便宜的商品。做生意首先是门社会关系的学问,需要顺应乡下客户的社会规矩。真正把顾客和零售商人拉到一起的,一不是低廉的价格,二不是吸引眼球的包装,而是通过熟人以及血缘和姻亲关系的牵线。

在这样的社会语境里,店铺老板和小农庄主的利益不谋而合。镇上的铺子要想生存,必须维系和更新与农村腹地的联系;如果土地上的农庄要提升地位和实力,则必须到更高更广的社会领域里去结交关系,才能安排好家里那些不得不"走路"四散的孩子们。此项不谋而合决定了店铺主人生计的命运,也让乡下人一步步地把集镇吸收和同化到他的生活方式中来。

在乡下人眼里,镇子代表了那个更高更广的领域。那里的生活是更上一层楼的日子,是都市名望的中心。于是,就像他先前通过媒妁之约把闺女"嫁入有土地的家户"一样,小农庄主这次把儿子送进镇上有店铺的家中,改善他在生活中的位置,使其成为绅士。而店铺主人也可能在生意上正需要一个年轻听话的帮手,且此人必须有广泛的亲友人脉,可以帮助拓展店铺生意。于是,他收下了小农庄主的儿子。

这样一来,第一束连接店铺和酒馆与乡下腹地的社会纽带便就此生成。同时形成的还有一条社会途径,人们沿着它移动前行,扮演着社会生活中的应有角色。如果运气好又有足够的钱,小农庄主的其中一个儿子有希望在集镇上成为一名店里的伙计。分家时他分得的那笔钱,很可能就用到这上面来启动他的新生活。身为父亲的小农庄主就这样为儿子交好了学徒的合同费。

正规的学徒制度在爱尔兰小镇依然流行,最好的落脚地点就是店铺和酒馆。乡下孩子按照习俗和法律的规定接受掌柜的管教,在主人眼皮底下学习他不熟悉的生意经和社会礼仪。或许有一天他能接手一间属于自己的铺子,但在那之前他"必须先要做够期限"。在这点上,爱尔兰农村仍然保持老式的做法,其内容也独特。比如,几乎没有店铺雇佣镇上长大的男孩;因为他不能带来任何乡下的亲戚。此外,他既听不进店主说的话,店主用起他来也不顺心。而初到镇上来的乡下孩子则相反,既听话也好控制。于是,店铺主人通过这个"初出茅庐"的小学徒,汲取了乡下社会秩序的资源。

时间的流逝总会带来社会生活有秩序的变化,农村是这样,市镇亦如此。随着学徒男孩长大,期限也做到了头。他获得了经验和技术,实现了父母缴纳学徒合同费时对他的期望,可以承担起他的那份社会角色了。如果他不准备一辈子都停留在店铺伙计这个微不足道的下属位置上,他必须往前努力。他必须拥有属于自己的铺子。因此,只要力所能及,他下一步便会如此办理,并为此用上他的全部积蓄。

有关小农庄主的儿子就说到这里。透过他的身影,可以看到差不多一半的所谓乡村入侵市镇的情形。而他还有留在农庄家里的姊妹。都市对女孩子有着同样强烈的吸引力;农庄土地分家后,她们也必须有份生活来源。给她们找生活着落,同样要依靠乡下社会秩序以及亲属和社区的关系纽带。

了解这部分现实,也就看到所谓乡下席卷小镇商业阶层的另一半浪潮。镇上店铺通过农庄上的女儿们,再次汲取了农村腹地的资源。一般情况下,每位农民父亲只要力所能及,总会想办法把闺女嫁入好人家的;她的出嫁落实了名望和姻亲,也搭上了彩礼,也就是分家时她名下获得的那份。而镇上店铺想要生存,必须代代重续与乡下的关系。如此一来,城乡利益再次机缘巧合,这让集镇的婚嫁习俗跟着红火起来。店铺和酒馆的世界,与"土地上的农庄"的命运一样,被卷入了"媒妁之言"的有秩序的变化的机制里。

在眼下的乡镇,店铺主人和酒馆老板已经与乡下农庄主一样,全盘接受了通过"相亲"喜结连理的做法。某些更讲究、更有钱、更接近(或希望接近)上等身份商人的店主,对相亲彩礼这些乡下字眼百般挑剔。他们会告诉你,他们孩子结婚时按照了"正当婚嫁授予"的程序,跟相亲说媒那套不一样。但是,同行里的那些老实人儿,那些不图浮华排场的店主,讲话要更接地气。他们认定,两者是一码事。

因此,在镇上那些开铺子和酒馆的家庭中,我们可以看到与乡下人通过相亲把土地和农庄的所有权转交给成婚儿子同样的家庭角色关系的重组。但这里有个重要区别:镇上的这家必须娶进一位乡下的姑娘。

分析一下1926年自由邦人口普查中婚姻、年龄和职业的统计数据，我们会发现这种集镇和乡下交叉的家庭重组现象相当普遍。全国多数地区的数据都有显示。否则很难解释为什么把爱尔兰南方所有市镇（大城市除外）的人口按照年龄、性别和婚姻状况大致分组后，它们之间的关联表现出鲜明的一致性。比如，各地店铺伙计和售货员都是未婚的年轻男女；所有店主初始拥有店铺或酒馆的年龄，恰好是他成婚之际。虽然镇上的晚婚现象不像农村地区那么极端，但结婚年龄还是推迟了过久，而且单身汉和老姑娘的数值也远高于世界同项水平。即使不是人口学或统计学专家，也会对这几组醒目的关联心生好奇：为什么选择农业和零售业两个如此不同职业的人，他们的生活轨迹却有如此的巧合？

与数据对应的是社会生活的现实，或者说数字呈现了乡村与集镇之间的习俗社区。如果对人口普查的调查对象所经历的人生大事做进一步探索，我们会在人们的行为和情感根源上发现这些习俗，并在一幅平衡的框架里看到镇上人和乡下人的生活怎样在更大的社会整体中相互交融。

话说回来，在镇上开一家铺子，意味着要建立一个家庭；意味着这桩婚姻要从乡下引进一位女子。习俗是普遍意义上的规定，当然凡事皆有例外。但是，相亲对象来自乡下，却是常理。

常见的做法是，作为店主的父亲把铺子转交给婚后将继承家业的儿子，儿媳则是乡下某位小农庄主的闺女。女方的家人先要来铺子里走走，这与农村相亲要去地里走走的做法一样。双方花很长时间商议彩礼的大小，价值相当于铺面、库存、欠款和预期收益的综合考虑。两家同意后，把协商条款以正式法律文书固定下来。接着，店主把经营权和拥有权转交到儿子儿媳手中。铺子里的其他子女接下来便四下各奔前程，当然家里也会尽可能地施与援手。最后，老一代退了下来，镇上的生意圈里又出现新的一户。

这是一起平稳有序的交接。店铺保持了原本的身份，从父母到孩子的家庭人际关系也完好无损。交接过渡使一切更新换代。从外部来讲，店铺通过年轻女主人"带进铺子里"的乡下亲戚，得以深入农村腹地。从内部来说，店铺家庭的生命来了一次大换血：家长换为走马上任的新掌柜和新主妇。从社会意义上看，直系和姻亲关系得到扩展，经济上的贸易机会也随着畅通的熟人关系而纷至沓来。

昔日的那个学徒男孩,那个"自立"的农庄主儿子,也通过完成相似的代际交接,走上相同的人生道路。他娶亲和开办自己的店铺这两件事,经常同时发生。他的积蓄和新娘的彩礼放到一起,使他们在集镇上开始新生活有了多种可能。现金用来购置店铺,信贷用来进货。当然生意坐稳的基础,还是儿媳的乡下姻亲关系所提供的贸易货源。

你或许会问,在这一点上男女角色是否可以交换:让小伙子入赘到铺子里来,或者女孩从售货员晋升为独当一面拥有店铺的掌柜呢?那样的做法当然可取;社会秩序允许不同的生活途径,不像正式法律那么刻板生硬。年轻女子可能会继承或接受一家镇上的铺子,作为分家时她得到的那份财产。父母给闺女开间小店立身,可以让她一辈子衣食无忧,确保她的社会地位,虽然谈不上什么大宗财源会从那个店门进来。然而,在社会主流机制里,这样的角色交换实属例外。现实地说,为了最终成功地适应镇上生活,男子在经济上应该从学徒开始往上走,应该在社会生活中担当起养家糊口的角色。通常只有新娘才是通过婚姻提高身份的。

在这个问题上,我们面对的是一种近乎普世的社会形式,即社会上多少保留了父权形式的痕迹。在社会等级分层与家庭至上秩序两者交叉相遇的地方,这种痕迹必然体现于社会结构之中。比如在印度,社会学者马上会意识到这一点;因为在其他文明中可以自由流动而不受关注、不必识别、没有特意设计的许多社会风俗,在印度社会则被纳入宗教或正式法律条文中。在那里,较低种姓的家庭经常把闺女嫁入紧挨的上一阶层,即上嫁婚配(hypergany)。

上嫁婚配在西欧也存在,并在某个历史阶段和某些地区相当盛行。法国人很现实地承认此种做法。在爱尔兰农村,乡下老爹只要有能力也会这样做,只是听到自己为闺女做出的努力被描述成如此卖弄学问的字眼时,他难免会大吃一惊。然而,即便"上嫁婚配"这个专业术语能把庄稼汉老爹忽悠一时,他却深谙这一习俗做法的内在实质。闺女这样嫁上去,会给农庄的父系家系带来加分的信誉和姻亲,也意味着他的家系在店铺世界获得了立足之地。为此,他情愿眼下付出比平常多一倍的礼金。

他心甘情愿地按习俗办事，得到的是稳定。市镇里阶层之间的关系，与乡下亲戚之间的关系一样，具有形式上的持久性。新娘就这样身负社会关系的纽带，通过婚配把这束纽带拉向上层、拉向城镇，拉进都市里的店铺和酒馆。

同时，新娘的兄弟也尽其男人的能力，承担起另一种社会功能。他处于父系继嗣传承里一个未来父亲的位置，肩扛着农庄或店铺之上的那个家庭合作体的姓氏。如果按规矩他没有成为兄弟中继承家业的那个，他就必须靠努力去赢得一个稳固地位。总之，男人要养家糊口，要开掘他在家系里的位置，他的家人必须以他为核心聚成一团。在另一边，女人则是团结这组家人的凝聚力量。无论爱尔兰的城镇还是乡下，在性别的社会角色分工这一点上，如同双方都信仰天主教，看法完全一致。这与上嫁婚配的形式，一拍即合。如此一来，沿着社会关系纽带铺设好的入店学徒和上嫁婚配的途径，集市小镇与农村腹地连为一体。沿着同一途径，乡下人朝着集镇的方向不断地移动。

这里，我们再次看到家庭至上观念的影响无处不在。店铺继续运作谋生，动力焕然一新。铺子的新主人，无论他是镇上出生长大的还是乡下移民进城的，必须"领个村姑到铺子里来"。这样，他的婚姻大事、顾客群体，以及个人在所属阶层里的完整身份，所有一切便在这一举之中得以实现。

请不要忘记，家庭至上的社会秩序并不深奥难懂；在镇上，它也没显得比在乡下更神秘莫测。人类形成的习惯、情感和欲望造就了这一秩序，同时也是它的产物。说真的，家庭至上观念其实是将以上各项熔化后灌注而成的一种社会模式，使社会生活融会贯通。最能表明这一点的，是爱尔兰镇上人对于自己在这个模式里所处位置的态度。例如一位镇上店铺老板说的下面这段话，他通过解释同行们希望找什么样的女子为妻，总结那一代人对婚姻大事的憧憬。以我们的标准，他听起来相当保守，择偶标准只能算是维多利亚时代早期的，但他清楚地意识到现实生活对于他这行的人的要求：

"一个打算结婚的店主希望得到的妻子，是一个能在店里帮他忙的。他不需要一个自我欣赏、满脑子尽想着自己多么优雅可人的淑女，因为那样的老婆在店铺里毫无用处，只会把顾客赶跑。这就是为什么他去乡下讨媳妇。

乡下的姑娘在母亲身边长大,她会做饭、做针线、收拾屋子,也没有镇上女孩的那些花里胡哨不切实际的想法。乡下姑娘来到镇上,觉得已经来到外面的大世界,很满足;而镇上女孩只会不停地向丈夫吵着索要他给不了她的东西,不然就不好好地做她分内的活儿。"

说话的这位先生是地道的镇上人,但可以看得出,他真心实意地拥护家庭至上的制度。他上了年纪,已经成功地适应了社会生活。

对于其他人来说,对于那些陷入市镇生活并有了不少"花里胡哨不切实际的想法"的人来说,适应这个制度变得举步维艰。我前面说过,小镇会产生靠近都市的价值观,这与连接集镇店铺和农村腹地的价值观发生冲突。由此而生的雄心大志可能意味着与老式关系一刀两断。当老式的社会关系成为阻碍行动的锁链,难免有年轻人在互不相容的两极力量拉扯下,变成怨声载道、愤世嫉俗的叛逆者。

有这样的一位小伙子,在逃离小镇跑到都柏林见识了开放多元的社会后,又不得已被冲回到小镇的市井生活中,现在正与令人窒息的命运努力抗争。他对我谈了自己的感受:"这个镇子无聊至极。真搞不懂是什么吸引你到这里来。这里最大的问题就是所有的人都在瞎凑合,每人手里都干着自己讨厌的活儿。事业有成的人会劝你:好好干吧,忘掉心里的烦恼。可那是因为他们干着他们喜欢的职业。当上一个初级律师就有了值得炫耀的东西,所有人都来求你。我还想当律师呢。等老家伙们都走净了,这里就有机会了。

"我曾经离开这儿去都柏林求学,在那儿住了一段时间。后来,我父亲去世,母亲又瘫痪在床,我只好回来,照看这个令人生厌的铺子。除了一个妹妹,我没有其他的家人。多数店主靠家庭关系贸易谋出路,所以现在我唯一能做的就是娶一个有钱的乡下女人,然后她所有的朋友和关系就会随之而来。如果你想在这里结婚,没有别的选择,只能找个乡下姑娘。如果你不想步入政坛成为笑柄,就必须依靠你的朋友和你妻子的朋友的帮助。如果有可能的话,一定要娶乡下姑娘。这样,她会把周围十里八乡所有她的人都带来,包括这些人所有的亲戚和他们联姻的家庭。就是这些人会买你的面粉、买你的糖、买你的茶。没有他们,你一事无成。"

这个叛逆十足的年轻人的伤感，表现了集镇生活中不容忽视的另一面。要求维系农村与集镇之间熟人关系的社会秩序，其自身也带有变化的种子。说上面这段话的小伙子，就恰好被卷入了这个变化的车轮之中。新时代和新地方给人们的生活带来新的适应能力，同时也带来了与旧观念相抵触并可能将其摧毁的新价值观。

这一事实正是对人口流动的形象说法——"乡下人蜂拥来到镇上，镇上的人都被挤得没影了"——简单明了的注解。

这位不甘就范的青年用亲身经历表明，在这一节点上，改变了的习惯把镇上人和乡下人相互推开。经过几年接近都市的生活，这位镇上年轻人与乡镇的现实生活开始脱节。他不再适应乡下的生活，养成了迥异的习惯，想问题的方式也变了。在社会关系上，他不再能顺应与乡下人相处的老规矩，对于连接他与农村腹地的社会纽带所强加于他的要求，他不知如何回应。如果他在镇上出生，是市镇移民的第二代，那他只会对乡下更加格格不入。繁华的都会赢得了他的头脑、他的心、他的灵魂。崭新的前景和新结识的人脉关系，将他越来越深地拽入了城市生活。连接乡村的纽带就这样断开，在新的生活方向面前被丢置一旁。

于是，店铺关张，店主和他的全家开拔上路。资金充足又雄心勃勃的家户可能会升入白领职场，或到更大的世界里一展身手。否则，遗忘很快会将其吞噬。他们需要在市镇阶层中找到与乡下毫无瓜葛的新的生存位置。而他们身后，新鲜血液很快便填补了镇上那些店铺酒馆林立街道上的空位。新来者取得成功所依靠的不是别的，正是使第一代进入集镇的乡下移民获得成功的同样的社会关系。只是这一回的新人带来了新一拨的友情纽带和亲属关系。

这是一场持续不停的流动，人们在确定的社会途径里走出他们各自的生活轨迹。我们现在了解到了，"土地上"的家庭随着农庄的更新换代而萌发新芽。分家后四散而去的孩子们把家庭至上秩序影响下的社会关系一起播撒开来，这秩序又把处于不同时间和空间的人们连接起来。正是这样一场不断更新并且更新模式照旧不变的流动，把集市小镇裹挟其中。镇上所有的店铺酒馆、所有的生意买卖，以及所有的经济功能，都在这一流动中前行。

我刚刚描述的乡村与集镇的关系里,好像除了亲属关系的纽带之外再没其他内容了。这种看法过于简单。其他成功的人生途径肯定存在,其他本质上不及亲属关系那么密切的人脉连接,也不在少数。但是,只有把首要的这层关系充分勾画出来,我们才能理解其他的。因为围绕亲属和好友而结成的关系纽带,构成无处不在的巨大社会根基,而其他的关系必须先与其参照而后行。

这一现象令人深思。爱尔兰似乎在维护古老传统习俗,在保持生活的更有人情味、更纯粹社会化的组织方面,优于西方文明里的多数其他民族。在存于表面的内部纷争之下,她保持了那股将一个民族焊成久经考验的整体的团结精神。如果在这个地方好像缺乏那种试图断开情感与利益之间逻辑关联的经济及社会个人主义的理性,大可不必为此悲哀或贬损。谁又知道究竟哪种更好呢?每一个人民都在追求更适合自身的融合团结,有时通过无意识的社会习性,有时通过有意识的宗教、政治,以及冷静卓见的社会思考。对个人也好,对民族也罢,或许有意识的方式更适合,或许无意识的方式更顺心。

然而,如果仅考虑其一而完全忽略其二,危机便难以避免。在名为盎格鲁-撒克逊的土地上,似乎社会习俗无意识的组织形式往往被有意识的组织形式所忽略。按逻辑办事常常被误认为是不可争议的最终手段。人类情感的巨大能量长期被弃置,不受重视。人们和许多经济学家一样,容易忘记这样一个事实:人类不仅不是只靠面包而生存,而且人类不能也不愿只靠面包而活着。

爱尔兰农村的社会习惯对忽视可不买账。从这一点考虑,乡下人适应小镇生活的其他方面具有更深的意义,远远超越了仅为货物交换和城乡产品分配的单纯经济活动的层面。

举个例子,有关所谓爱尔兰农村"信用体系"(credit system)的讨论和文章,不胜枚举。对此话题,有人赞同,有人反对,群情激奋。这里的"信用体系"一词,指的是集镇零售商批发货物时的一种经济现象:小农庄主永远拖欠店铺老板的账。他靠每次赶集的赊账信用过日子,根据牛卖得价钱好坏,每年偿还店铺老板一部分上一年的欠账,但从不彻底结清。类似的长期债务拖欠问题,在其他国家也有所闻。在爱尔兰,许多专项行动对此做过调查,许多旨在打破这种慢性拖欠怪圈的措施也尝试过了。可怜的店铺老板不无缘由地被众人戴上了"高利贷者"的帽子。作为债主,他的权力非同小可。由于欠债的农民完全依赖在镇上的店铺购买食品和他农庄所需的货物,且又没任何贷款渠道,债主滥用权力的机会自然会大开。这是个有关公平合理的老问题,关系到债权人和债务人双方的权利和相互制约。这之所以引起我们的兴趣,是因为它与乡下人的生活方式密切相关。现在就让我们看看,乡下人的社会秩序给了这层债务关系怎样别具特色的内容。

经济学者会告诉你,任何信用体系依赖于一种特别的心境,即双方的期待值基本对等。他有时称此为"信心"。如果在某一刻,所有的欠账一律还清,所有的存款同时到期兑现的话,这个体系势必毁于一旦。经济学者还会告诉你,如果"信心"失去,如果解除财务关系的动向快速加剧,整个体系便会崩塌。近几年来,世界经济已经为此吃了不少苦头。

然而时至今日,我们对那个脆弱却至关重要的称之为"信心"的东西,却了解的少得可怜!我们经常使用这个词,但并没有搞清楚它究竟指的是哪些因素。今天,我们仍在用这种或那种不同的方法探讨"信心",仍在无休止地争论用什么办法去建立它,怎样才能恢复它。

在爱尔兰乡间集镇的信用体系里,"信心"的问题要简单得多。镇上人和乡下人还没讲究到使用这个词的程度,但它所涉及的那些与他们的现实生活有关的因素,他们非常在意。那些因素就摆在他们眼前,就在他们双方顺应的社会习性里。

简单地来说,一旦某家店铺——通过兄弟、父亲、堂兄堂弟、乡下媳妇和来镇上学徒的乡下男孩——建立起了与乡下接通的家庭贸易纽带,这门生意就必须维持下去。

店铺必定盼望不断上门的顾客群体;小农庄主也期望买到农庄经济必需的物资和日用品,否则整个家户无法生存。农民不可能随意走进一家店铺掏出钞票买东西,因为他的现金来源有季节性,大部分收入来自春秋两季的牲畜大集,小部分来自每礼拜一次的农产品鲜货买卖。同样,店主做生意也不能靠偶尔过路的顾客,毕竟他们的数量和需求都甚小。如此一来,乡下人和镇上人的需求,不谋而合。

有必要重复,爱尔兰农村的亲属关系和朋友关系(现实生活里是同义词)为这一不谋而合奠定了基础,也为集镇里的生活提供了同样的根基。这些关系的本质是互惠互利;授人好处即得到好处。做了一桩好事,或做了"朋友该做的事",自然就产生了互惠的期许。在此基础上,互惠和长久的社会关系由此而生。

所以,双方希望获得的永久性,是社会义务的长久不衰。集镇的信用体系所依靠的就是这样的基础。如此情形下,小农庄主所欠的款项,就像女儿出嫁时他提供的礼金一样,是看得见摸得着以货币形式体现的两家结盟和义务承诺的象征。无论对于镇上人还是乡下人,欠对方钱不单是接受一种便利,还意味着应允承担的一份社会责任。

双方这样的意念可被称为"信心",爱尔兰农村的信用体系便建于此上。当然,双方的关系并不完全对等。店铺主人作为债权方处于优势;作为镇上人他的身份地位也优越。然而,他对借方承担着同样的义务。

人们的习惯和情感围绕借贷的社会关系模式,形成十分有趣的认同。比如说,彻底还清一笔欠款,势必导致这段关系的终结,也彻底毁了双方的相互期待。同时,一旦债务结清,店主不仅失去了一个顾客,而且现实生活中也少了一个朋友。小农庄主只有正在火头上,才会赌气一下子付清全部债务。当然这样一来,就等于彻底绝交,覆水难收。所以一般情况下,小农庄主会无限期地把自己的名字留在店铺老板的欠账簿上,定期地每次还一部分,但从不彻底还清。如有一天他真的还清所有的欠债,店主等于收到明确的警告:顾客要把生意转移到别处去了,要去结交更适合他意愿的新关系了。

所以,店主这方也有他应尽的义务。他不能掉以轻心,一个劲儿地催促顾客还债。因为那样做不光是对顾客偿还欠款的能力表示怀疑,而且是对他能否承担责任表示不信任。这相当于质疑对方的社会名分。如果店主在这点上处理得不得体,钱可能讨回来了,但两家的关系却付诸东流。

即使是正当地去要债,债权人也不可操之过急。他常常只能无休止地担着欠账,梦想有一天好消息的降临。这就是他要承担的那部分义务。如果强取,结果只能遭到客户的抵制。倘若真要为讨债而上法庭打官司,也解决不了什么。现在的爱尔兰农村,土地抵押的赎回权不能取消。就算店铺老板最终从小农庄主手里赢得了地产,得到了讨债的满足,但别忘了农民的"姓氏与土地同在"这一点。接下来,小农庄主所有的亲戚朋友以及他们居住的整个社区,都将成为怨恨和威胁债主的死敌。在家庭至上的世界里,这样的敌人会持续一生,甚至会传入下一代。

如果债权人不顾所有这些,一意孤行继续向债务人施加压力,那么等着他的还有另外一种制裁。乡下人会使出他们的杀手锏,即千百年流传至今的民间信仰。比如,乡下人会跟你说,这家店铺或那家酒馆之所以关门倒闭销声匿迹,是因为遭到了男女众人的诅咒,得到被他们逼得家破人亡的借方的泪水和祈祷所施以的报复。还有什么比传统悠久的神秘应验和半掺宗教的义正词严能更好地表达社会谴责的巨大力量呢?乡土民风可以拿出所有表明他们态度的传统手段,去对付那些敢于冒犯地方规矩的人;在人人必躬、威严神秘的民间信仰气氛里,社会和个人行动的力量有了充分的正当理由。

由此可见,为什么在民间信仰里金钱意味着邪恶。它属于那种神秘莫测的力量,仿佛含有与生俱来、不可思议的功效,既可能带来吉利也可能招致灾祸。挖到"一罐金子"的人会在发现的瞬间身患绝症;膨胀太快、敛财过于跋扈的小镇暴发户,也会顷刻之间一病不起。然后,他的家人、店铺或酒馆也随之莫名其妙地消失不见了。

当然还有更多的例子,说明社会秩序常常居于债务的经济形式之上,并使其为前者的目的服务。欠款如同彩礼,可以成为(也确实成为了)身份的衡量标志。它显示了一个人有能力承担社会责任的人脉网络,正是这幅网络给予他和他的家庭以社会生活中的地位。这里同样蕴含了"信心"。债务随土地财产或店铺酒馆从父亲传给儿子。家庭传代的同时,债务也一起随行。许多小农庄主花了很长时间一笔一笔地偿还其父亲或亲戚遗留下的家庭债务。这种交织着骄傲和情感的社会责任,其生命力远远超过条文规定的还款期限。这一观念将宗教、情感和习俗融合一体。至今还有不少集镇上的店主帮助乡下小伙或姑娘移民海外,坚信将来他们的汇款一定会进入他的钱柜。

在英国统治时期,这种"诚实"曾令某些皇家调查委员会的成员困惑不解。在他们看来,拖欠地主的地租是明明白白的债务。但乡下人并不认同,并嘲笑那种意义上的诚实;因为在委员会成员看来,乡下人尽力而为的是一番小型商业信贷体系。

皇家委员们可能忘记了,首先,连接一个爱尔兰人与另一个爱尔兰人的情感和互惠的共识,以及在这共识基础上最终形成的乡村与城镇的纽带,早已把地主阶层排除在外。再者,授人好处即得到好处;赊欠不过是以货币为象征的社会义务。参与乡下信用体系的成员们所拥有的"信心",其实是他们对一种社会秩序的信赖。

160 那么,关于爱尔兰公众生活里冒出来的那个人物——他既是大量幽默和轶事的主角,又是其对手斥责和嘲讽的目标——我们能说些什么呢?我指的是店铺主人和酒馆老板出身的爱尔兰政客。一边,他的敌人直截了当地称他为沙龙老板,用大堆的道德谴责往他脸上抹黑。另一边,他的朋友们知道他既精明能干又通情达理。

研究社会行为和行为类别的学者,不能也一定不要在道德主义者和感情主义者之间选边站队。他必须只根据事实评鉴;知识不是伦理判断,而是对究竟是什么的分析。那些居于某个社会位置上的人或好或坏,或才华横溢或可怜兮兮,而引起人类学学者兴趣的只是那个社会位置。

此类进入政界的店铺主人和酒馆老板在1898年至新芬党成立初期,在爱尔兰达到了鼎盛。只是在1916年复活节起义后的最近十几年间,被称为"爱尔兰民众"的其他较为广泛的社会阶层,才对有组织的政治生活做出实质性的贡献,尽管他们在当年的那场爱国起义中已经显示了非凡的作用。1898年是关键性的一年,因为在那一年地方事务管理机构将地主排除在外。陈旧的建立在其成员拥有巨额财产资质上的大陪审团制度,让位于选举产生的郡议会。

差不多与此同时,土地战争切断了地主阶层与乡村社会秩序最后残留的联系。自大饥荒结束后开始的市镇发展,此时已经稳固地建立起了我前面描述过的市集小镇与农村腹地的新型关系。在这样的新形势下,店铺主人和酒馆老板以他们特有的方式,顺理成章地代表了他们作为其中重要组成部分的社会秩序的共同利益。

所有民族在其政治形式中,都倾注了各自的天赋才能。爱尔兰人在这方面一步不落,很快就完成了他们的那份倾注。家庭至上秩序里互惠互利的做法,将情感与习惯有效地组织结合,就是他们手边现成的材料。集镇与乡村之间的缕缕关系纽带,为此倾注正好提供了流通顺畅的条条渠道。

我在前面已向你们表明,店铺主人和酒馆老板过去和现在在乡村组织结构中始终占有战略性的位置。从其所处的有利位置,他可以达到多重目的。他的生意好坏全靠他扮演的社会角色成败如何;乡下人期望他们曾经提供的好处能得以好处的回报。店铺主人很清楚履行社会义务时亲自出面的长处。所以他采取的第一步便是送上鹅呀农产品呀什么的,将新上任的办事员和地方官团团围住。这些好处的回应可能是一项有利于地方的决定,或是某个必要的公共设施得以承建。这反过来又要求一个爽快和有人情味的答谢。对于乡下人来说,"影响力"如同他生活中的乡间友情一样,过去和现在始终是面对面的个人关系。"影响力"有着类似金钱的神秘莫测的品质,这东西魔力无边,既能行善事,也能生邪念。但是,影响力的真正内容并不难懂:即一条显而易见的社会关系纽带。

实际上,店铺和酒馆过去和现在一向都是乡下人的都市俱乐部。经营这里的人既是朋友也是亲戚,与会员是同一类的人。作为一个与权力、时尚和法律的座上宾们经常来往的人,俱乐部老板所拥有的接近都市的声誉,使他颇显优越,尽管说到底他不过在这些方面资格最老罢了。现代公共管理的正规道德概念,在双方心里可能还未扎根。他们不乏的是日常生活里的智慧。

店铺主人和酒馆老板首先有效地处理和应对了形成他们自身生活以及乡下选民生活的现实问题。在这点上疾呼腐败是一种误解。在没有获得人们感情上的信服之前而强力推行某种政治道德,很难实现真正的皈依。

由此看来,店铺主人-酒馆老板-政治家的多重身份,对于利用他的乡下人和对于政客本人,都是非常有效的工具。或许像反对派谴责的那样,他可能会要求人们去他的店里买东西作为他履行当选职责的回报;但另一方面,他也的确为了那些期待把事办成的人们而尽其所能落实了该办的事。仿佛没有其他渠道似的,爱尔兰通过他们这样的人实现了政治成熟和民族强大。尽管表面上存在争斗,内部也在不断成长变化,但这股民族力量持续至今。它能坚持下来,全靠与它生于其中的社会紧紧相连。

现在我们清楚了,社会秩序是一个内容包含极其广泛的东西。同样的一套观念贯穿始终,从遥远的洛克村的"西屋"到爱尔兰集镇都市的政治生活。就拿这项调研为例吧,我们以"旧风俗"——民间传说和民间信仰——的话题开场,深入研究了乡下人的生活方式。我想现在你们也明白了,所谓"旧风俗"绝不仅是走向消亡的陈年习惯的残存。它是更大整体的一部分。而这个整体相当于(包括旧风俗在内的)一种生活的总模式。我们在第一讲举过的两个例子——"西屋"和"老头的诅咒"——引导我们进入对乡下人整个生活方式的分析。反过来,乡下人的生活方式又为我们提供了,至少一条,理解一个民族和一个人民的线索。

第六讲 众仙子

在最后这一讲,我们终于又回到"旧时习俗"这个话题。前面的几讲里,我们勾勒了社会秩序的概貌,而民俗正是其中的组成部分。虽然民间习俗和民间信仰被看作古老年代的"残存之物",但在乡下人的现实生活中它仍然起着重要的作用。在前面的讲座里,我已经就此作用向你们做了说明。古老的信仰烘托和巩固了相沿成习的劳动分工形式,突出和协调了社会以及家庭生活中那些势在必行的关系改变。地方社区借助民俗习惯中的赏罚手段和协议方式,在潜意识层面上保持了对人们生活的组织和规范。还有,在集镇生活与乡村生活的连接融合过程中,民间习俗也再次凸显了它的功能所在。

那么,究竟是什么使得旧时习俗和信仰如此强大有力?它自身又具备了哪些东西使其跨越千年而经久不衰呢?人类学家马雷特曾经说过:"残存之物绝非仅为昔日的区区残骸,而是像我们人类共同本性所具有的偏好倾向那样,最有可能长久地生存下来"。①

人类学学者必须关注民俗里的此类"偏好倾向"。因此,与其花费大量时间详细描述现存民俗信仰的具体内容,我更愿意直接回应上面的问题所提出的挑战。并希望像在前面几讲里做过的那样,回到乡下人的现实日常生活中去看待民俗,在那里求得解疑的答案。

在此之前,我必须提醒诸位,下面的讨论将跳过爱尔兰民间传说中许多辉煌灿烂的部分。要知道时至今日,那里的老年人仍把古代英雄故事的片段挂在嘴边,讲述着莪相、芬恩·麦克库尔和费奥纳骑士团这些凯尔特史诗

---

① 罗伯特·雷纳夫·马雷特(Robert Ranulph Marret, 1866 – 1943),著名英国人类学家。1910年他继泰勒(Tylor)退休后接任牛津大学社会人类学教授一职。该引言出自马雷特所著 *Psychology and Folk-lore* (London: Methuen & Co. LTD., 1920)第2页,另参见该书中译本《心理学与民俗学》第2页,山东人民出版社,1988年。——译者

人物的点点滴滴。一部纪念爱国者和他们拼杀仇敌的通俗历史,带着近似传奇的色彩,萦绕在遍布爱尔兰辽阔大地的各个历史碑柱的周围。诺曼底男爵、凯尔特族长、本土和外来贵族的后裔挤满了这部没有文字的历史,并与圣者和殉道士、克伦威尔和他的士兵、月光骑士和"江洋大盗",以及游吟诗人和围篱乡塾先生一起,你推我搡地争抢叙述篇章里的每一寸页面。事实上,不计其数的宗教传奇故事乃至整套的圣徒传记通俗文学,就是这样得以幸存,以浪漫洋溢的魅力滋润着当地民众的虔诚之心。在那里,人们还可以听到类似格林兄弟最初在德国收集记录的世界童话,有些可以追溯自印度、西伯利亚乃至爱尔兰海岸的尽头,只是故事里的角色都换上了靓丽的盖尔传统服装罢了。虽然这些大众通俗文学没有文字形式,但它们却与经典文学辉映共存。有关这一点,可以拜托在我能力之上的专家们做进一步的讲解。

还需要事先声明的是,我手里也没有一份讲述精怪鬼魅的故事清单。有关遍及爱尔兰乡野的奇特动物和植物,我真讲不出个所以然来。无论是传闻中在乡间小路上作祟的无头黑犬,还是盘踞湖泊和岩洞的怪蟒(*péist*)和妖貛(*broc-shidhe*),所有专门研究异兽秘踪的学者们都要胜我一等。相比之下,我既没有能力讲述仙子附体的"黄鼠狼"、"野兔"和"蠕虫"等等神乎其神、恐怖吓人的故事来款待你们,也无法在细节如织的迷幻世界里——譬如咒文护符、秘方灵药、手到病除的魔法,以及可能带来幸运和不幸的各式各样的动作、时辰和物件——引领你们走得很远,除非是为了深入下面将要展开的讨论。

这是因为在尝试理解民间传统与社会生活之间的关系时,我们的兴趣重点不是某个民间信仰的具体细节,而是这些细节所构成的思维方式在人们的习惯行为中起到的作用。问题不是人们信仰什么,而是拥有这一信仰的结果和道理是什么。

在这里,有必要对我们将要讨论的民俗做一个初步定义。民俗的一般界定比较宽泛:即出现于流行故事、习俗和信仰、魔法和礼仪中没有文字记载的民众传统。在此基础上,我还希望把那些涉及历史来源的问题排除在外,把研究范畴进一步缩小。即便如此,余下的探索区域依然非常广泛。也就是说，所有没有受到正规宗教教义认可和规范的、与相信超自然力量有关的做法和礼仪，都是我们要考察的对象。

民间最突出的超自然力量，要算"仙子"。①乡下人根据各自的爱好给他们起了不少昵称，但多数情况下，人们觉得没必要用专有名词将"他们"特意区分开来，直截了当地称其为"他们"就好。在这个普通的代词里，乡下人集中表达了仙子们不可名状的巨大魔力以及他们的无处不在。试想一下，当一种巨大能量严丝合缝地笼罩了人们的生活空间，即使用上再特殊的尊称也会显得苍白无力。伴随这一信仰所派生出的各种做法和仪式，其影响范围与信仰本身一样极为广泛，从日常生活里一个微妙的动作和转换的口吻，直至藏匿颇深、罕见且致命的黑色魔法。

或许当地人称呼他们的名字，就是最好的定义。目前，任何有关仙子崇拜的事情都受到来自教会和学校的合力围攻。但乡下人会跟你说：那其实不过是些"皮舍洛格"（pisherogues）而已。这个词通常被翻译作"迷信"，但英语里的"迷信"带有过多的偏见，不适合我们在这里用。更何况"皮舍洛格"涵盖了比愚昧的迷信多得多的内容。凡是对世界各地百姓的现实生活有所了解的人，从广义上理解民间信仰并不难。它构成一种具有象征意义的秩序，叠加于社会生活的价值观念之上，并穿戴了丰富的感情色彩霓裳。它与所有人类拥有的非正统的信条、非逻辑的宇宙观别无两样，就连我们今天的都市文明中也不乏它的存在。它回应了人们在社会关系上和内在心理上的必然需求。这一点上，美国的新英格兰地区与爱尔兰乡下一样，不乏盛产非逻辑信仰的肥沃土壤，差别仅在方式不同罢了。就爱尔兰农村而言，这里的人们保留了更为古老的语汇，用来建树地方特有的象征意义。他们在表达其文化的传承延绵方面，尽显天赋。

好啦，现在让我对"民间信仰"所包含的象征意义做个简单描述，这样你们对我要说的就会更清楚了。

首先我们必须看到，爱尔兰农民是极其热诚的信徒。他的生活因严格

---

① 爱尔兰民间传说里的仙子（fairy）外表上有男性，也有女性。英文原文以中性代词 they 表示，此中译本用"他们"来表示。——译者

遵循教规而稳定,有秩序。他虔敬地按照天主教教义行事,占主导的心灵习性和世界观直接对应他的宗教信仰而生成。然而,他常常还拥有另外一份热衷。就像他的胸襟可以同时容纳宗教热忱和爱国激情一样,仙子信仰在那儿也获得了一席空间。当然,这些不同的忠诚之间难免发生冲突,但一般不会。它们相互交织,相互给力。

因此你会发现,乡下人日常生活中的许多做法与宗教信仰和仙子信仰两者都有关系。当然,他对前者的绝对忠诚占据首位,但他还是包容了双方。比如,我们会看到他在每天干活伊始,或在动身外出旅行之际,或是准备栽种新一季土豆的时候,怀揣双重目的为自己"祈福"。如果你问他为何便会得知,首先,他把这一整天的光景或要做的事已经诚然托付于上帝,将自己完全置于神灵的护佑之下。其次,他寻求庇护的目的十分明确,希望抵挡邪恶,避免厄运。他希望确保将要做的事一帆风顺,保护自己免受"仙子"的袭扰。

虽然这里涉及对仙子的避讳,但不意味乡下人的祈福出于恐惧。他的挚诚信念不是简单的恐惧二字能解释的,而是来自更深更广的情感渊源。可以说,他与众仙子达成和解;他给予了他们那份应得的尊重。乡下人的宗教是他最根本的信仰,他的行为和做法毫无疑义地首先是对他信仰的宗教的全身心投入。但普通百姓的内心并不会因为某些做法的逻辑不周而庸人自扰。于是在乡下人的行为里,当然是作为相当次要的因素,还悄然活跃着另一旁门信仰。

由此看来,在某种意义上,"皮舍洛格"与几乎所有民俗一样,处于划分自然与超自然、不敬与神圣、世俗与宗教两个领域的界线上。接下来,我们将沿着这条界线去追踪乡下人的行为轨迹。

我说过了,恐惧不是乡下人信仰仙子的主要动机,那是因为仙子并不总是青面獠牙地吓人。我常听一些深谙古老传说的农民们讲,"他们不会把你怎么样的,只要你不碍他们的事"。有人误以为抱有民间信仰的人,满脑子都是些让人心惊胆战的迷信玩意儿,结果缩手缩脚地不能正常生活过日子。其实,还在一次大战之前,一位农夫就曾告诉当时正在乡下收集民间故事的格雷戈里夫人:"如果我们知道怎么和他们做邻居,他们也会和睦友好地与我们相处。"

所以,问题在于人们是否给了众仙子"他们"应得的那份顾及。在老传统保留得好的地方,人们对于该做的谨防措施,一丝不苟。其中不少做法你们或许已有所知。比如,食物和饮水一定要在夜间给他们备好。还有,天黑以后绝对不能往外泼脏水。因为夜晚"孤寂","没人想在这个时候独自外出"。而仙子神游四方,哪儿都可能出现。他们或沿幽径出行,或正在巡夜查访的途中,泼出去的污水可能会弄脏他们。于是,他们便大发雷霆,降临灾难。家里的鸡呀、猪呀、牛呀,甚至小孩,都有可能染上疾病,甚至死掉。

但是不难看出,他们的愤怒来自受到公然的冒犯,一种隐含在失礼行为里的冒犯。就说泼脏水这事吧,显然这户人家做了不当之举。往门外泼脏水,懒散又随便,不是持家的好习惯,社区民众跟可能会被弄湿一身的仙子一样,都强烈谴责这种行为。

由此可见,人们把现实社会的价值观念投射到了信仰中的世界。虽然仙子是危险的异类,但如果他们收到应得的那份礼数,也会给人带来运气和富贵。仙子青睐的是一户人家的优良品行,喜欢那些日常生活里勤劳料理家务的人。怪不得我们在克莱尔郡北部遇见的一位精通仙子事宜的老者这样描述"他们"夜访的情形:

"他们经常在人家里过夜,会时不时地造访这户或那户人家。如果他们喜欢某一户,舒适整洁,该为仙子清扫的都做到了,他们便会常来此家,这户人家也会兴旺发达起来。如果屋子里脏乱不堪,待在里面不舒服,他们是不会停留的。他们更愿意去个像样的家里,比如凯瑞家[他点名邻舍的一户小农,屋里总收拾得温馨整洁]。还有,你会经常看到一个小个子的婆婆走在路上,不时停下来跟人讨口吃的。你最好把吃的给她,因为她是在看这户人家是不是适合他们在里面歇脚过夜。"

其实,很多仙子故事讲的是寓言道理。了解了这一点再去听"牧马人的屋子"那样的故事,就容易明白是怎么回事了。在乡下,放马人没有土地,所以在农民眼里要低人一等,他们的邋遢不整也常被小农庄主们拿来取笑。有个故事(浓缩版的)是这样说的:

"许多人家都曾搬进牧马人住过的地方,但都被什么东西给赶了出来。

最后一户人家搬进去,他们给屋子做了大扫除,还清理了那条绕屋一周的'幽径'。一个瘦小的老婆婆上门来,想跟女主人借口锅,也受到友好的招待。最后作为答谢,老婆婆明说了:这家主妇和她的丈夫将来一定会富足昌盛,不受袭扰,永世安宁,因为他们是所有在这屋里住过的人家中,唯一把'他们'走动的地方打扫干净的。"

通过这种方式,人们日常生活里的价值观被投射到超自然的世界里,并被后者加以强化。这种现象同样出现在一般见面打招呼的习惯里。乡下人的日常词汇里充满了家常质朴的虔敬。进门的时候,要礼貌地祝一声"上帝保佑在座的各位"。遇到正忙着干活的人,送上一句"愿上帝赐福你手里的活儿"。对所有一起"搭伙"合作的人,"愿上帝保佑你身体健康"必不可少。称赞某人、小孩或动物,要附上"上帝保佑";而当谈话涉及令人不悦或危险的事,则会迅速补上"上帝饶恕这句话",等等不一而足。如果有人省略或漏说此类语句,必定会引起听者的反感。千万别忘了,人们也在用情感拥护这些传统规矩。此外,反感还来自其他原因。熟悉这一做法的民俗学者称其为"保护性措施",意思是说,这些表达法既与乡下人拥为首要位置的宗教信仰有关,也与虽差欠一等但他们同样热衷的民间信仰有关。

如果你问乡下人为什么这么说,他会给你几种回答。首先,"你应该这么做,因为成事归功于上帝"。紧接着,第二,"这会给你带来运气,把'他们'避得远远的。"对于乡下人,这两种回答都对。这些措辞既是虔诚的祈福呼唤,也是辟邪的护佑办法。省略只会招来实实在在的危险。一方面,没被照应到的人或物会受到威胁;另一方面,说话不周的人会被怀疑心存歹意。不少传闻就是把疾病、灾难和死亡归咎于人们的此类忽略。于是,乡下人珍视的人和物被带入到他们的人生信仰和处世态度的范畴之中。种种作用于这些人和物的莫名力量,也由此被塑造成具体的形象,使乡下人既可以懂得那些力量,也能应对它们。

或许这个过程中最有意思的,是看到乡下人的生活必需品怎样被卷入了他的信仰。仙子通常可以感应整个家庭和屋里的所有东西。他们喜欢"顺走"那些人们特别在意的东西,那些聚集了家庭成员情感和利益所在的物件。一位戈尔韦郡的农妇曾向格雷戈里夫人这样解释:"在他们待的山寨围垣里，①有牛，有羊，还有鸡，跟我们在家里养的一样。每次厄运降临，实际上就是他们把这些牲畜家禽弄走的，甭管我们做什么也阻止不了他们。"这些也被称作"另外的人"的仙子，在这方面与普通的活人没什么差别；他们身边也有着同样的物质生活资料。

所以，当不幸降临头上，乡下人起码知道是怎么回事，足以让他应对。就拿黄油来说吧。黄油是农庄餐桌上的主要食物，关乎所有的家庭成员。但是制作黄油，尤其用木制的手工搅拌桶做，却是出了名地难搞定。如果搅了半天不出黄油，这可事关重大。克莱尔郡北部的一位农妇提到此事时，说得很明确："搅黄油总是出怪事，经常你就是搅不出来，真是那么回事，谁也搞不懂到底是怎么了。就算你绞尽脑汁，还是不行，最后只好靠朋友救济的那点儿黄油先凑合了。"

如果碰上这种事，乡下人也不是无计可施。民间信仰让他对问题到底出在哪儿胸有成竹，知道该怎么办。黄油是仙子们"弄走"的，所以现在要做的就是引诱他们把它还回来。多少年来他听过无数次的民间故事，证实了仙子喜欢顺手牵羊的行径。下面便是一个此类传说的梗概，讲故事的是位克莱尔郡的小农庄主，事情就发生在他前面提到的朋友凯瑞家：

"两个男人从集市上回来，到其中一人的家里吃早饭。这家主妇正在奶桶里搅黄油，但就是不见黄油出来。先进门的那个男人说，可能是他们两个[男人]碍事，于是他们就出去了，但仍不见效，因为他们返回时，还是不见黄油的影子。这时他们才知道，事发的前一天有个陌生的老婆婆来过家里借牛奶。于是，那个先前的男人把屋子的所有门窗都关紧，然后取来一片犁铧放在泥炭火堆上烤。很快，便听到有人敲门，等敲到第三声时，主妇走到门边，只见从开启的门缝里一只老太婆的手递进来一罐牛奶，一个声音在说：'把它放回搅桶里去吧'。女主人照做了，桶里的牛奶瞬间变成了上好的黄油。"

乡下人还知道，仙子并不总是单独行事，常会有个人类的代理和他们一起施魔。到了这一步，就进入了皮舍洛格里危机四伏的领域，即魔法的恶作

---

① 山寨围垣（rath，或 raths and forts），请参见本书第一讲（边码）第 34 页的译注。——译者

剧。譬如一个人可能会在主持仪式时品行不端,或是疏漏了该做的预防措施,从而招来厄运和灾难。他可能把疾病从自家农庄转嫁给邻居,或把别家桶里的黄油偷走,甚至还会引来超自然力量参与破坏、盗窃、伤残和杀戮,犯下滔天大罪。

但有,有时那个引来仙子施魔让别人遭殃的代理人,并非有意陷害,而是全然不知自己是受了邪恶的驱使。谁都会有走运或背时的时候;无意触发了仙子魔力也不是不可能。所以在爱尔兰许多地方人们津津乐道这样一则民间笑话,讲的是一个鲁莽家伙的一段奇遇:

"有个经常喝得酩酊大醉的男人半夜经过一座山寨围垣,听到'他们'在里面交谈,说什么'我要一半,另一半让给你'。我们这个哥们没过脑子就大声喊道,'我全都要啦!'他回到家,看到老婆正发愁搅不出黄油来。但这会儿她又试了一次,黄油刷地就冒了出来,而且涨到有两桶还不止,流得满地都是。附近不远有个大户农庄,她这边桶里多出的黄油就是从那儿来的。这家主妇是个厚道人,知道多出来的黄油不是她的。为了让大家知道这事与她无关,便把经过告诉了神父。"

当然,除了黄油,别的东西也会被顺走。我们知道,牛在民间信仰里的地位显赫,它的重要性对乡下人来说非同一般,奶牛产犊在农庄生活中更是至关紧要的事情。所以相应的辟邪的预防措施缺一不可;在这种危机四伏的当口儿,该做的仪式绝不能落。奶牛生病,要举行另外一套仪式,把造成威胁的仙子赶走,让牛儿恢复健康。爱尔兰的民间故事里满是山寨围垣的人怎么把牛弄走的内容。

因此,无论是给牛治病还是给人疗疾,都会涉及仙子传说。众仙子什么都可能拿取,从拎走母鸡到拉走男人和女人。他们还能神不知鬼不觉地把男人或女子的精气吸干,只剩下个萎靡不振的病秧子,让人们几乎认不出这就是从前那个身强体壮的好帮手好朋友,病人身上原有的活力荡然无存。乡下人当真相信是"他们"攫走了这个人本来的灵魂,眼前的躯壳里只是"一个和仙子们长年厮守被消耗殆尽的老家伙",而真正的那个人已经"不在"了。所谓医治就是要把他带回来,从宗教意义上和从仙子崇拜的角度,都说得通。这并不是说乡下人分辨不出我们通常称之为不舒服或病痛的人体自然状况;还用说吗？他们经历了那么多的苦难,当然能够分辨清楚。只是他们对此另有一番与他们的信仰密切相关的解释。

婴孩会被调包偷换的事许多人都相信,你们恐怕也都听说了不少,其来源与仙子能够"拿取"一说有关。实际上有一种说法,正如格雷戈里夫人所听到的,就是"除了上岁数的,所有人的死亡都是被仙子带走的"。只有老人的去世是随自然规律发生的,所有其他不期而逝的人皆是在超自然的巨大威力面前倒下的。

所以我们看到,乡下人的仙子信仰并不完全是一部奇谈怪论大集,绝对不是。事实上,几乎所有扰乱他的切身利益和情感的事,都可以被带入这个充满感情色彩的体系里得以解释。这样,突如其来的麻烦在他心里变得有了道理;让他明白到底发生了什么,并在一定程度上做好了下一步该怎么办的准备。乡下人身边的物件和同伴的命运对他有着绝对的影响,对两者向来的依赖使他心神难安。好在民间信仰是共有财产;它来自伙伴们构成的社区,得到他们的维护和拥戴,而乡下人本身也是这个社区的一名成员。民间信仰是社会共同持有的思想意识,乡下人信赖它,并凭借它在出现变故的时候与赖以为生的社区伙伴们一起出主意想办法,去寻求佐证,去获得慰藉。

但是,这一思想意识远不仅为一种解释方式。有的人类学学者试图在魔法和巫术信奉里看到还处于探索阶段的原始科学;但如果在这条思路上推进得过于牵强,到头来只能失望。仙子信仰要求乡下人按照明确而固定的方式行事,规范了他必须照办的祭礼和仪式。假如他想取回被拿走的东西,让受到威胁的家畜、亲友或孩子重获安宁,就必须从头至尾按照一个明确的程序来做。也正是那个与他享有共同信仰和习惯的社区,规定了如此的条条框框。

如果我们细心观察乡下人为抗衡厄运和灾难所必须采取的方法,便会发现那些他特别在意的东西以新的方式融入了他的信仰。在辟邪良方、江湖神药和其他用来反击邪恶的招数里,乡下人和同伴们赖以生存并寄以情感的物品,再次进入了他们信仰的领域,成为"魔力"的储存之躯。这些物品变得拥有和仙子相同的超自然功力,既能行善,也可施邪。

因此，当仙子发动攻击时，那些仍按民俗旧理行事的乡下人，不会束手无策。比如，黄油搅不出来，他可以从火塘里取一块燃着的泥炭，在搅桶底部烧灼一阵。他还可以变着法地利用铁器消灾；因为"铁的威力够劲"。平日赶牲口的榛木棍，可以用来给牛治病或减缓不适。为了驱散降临农庄或家庭的疾病，把死了的东西挪至别人家的地里，也是一种法子，迫使邪性的"惩罚"随之而去。还有更简易便行的，只需把一枚鸡蛋、一个土豆、一撮炉灰从受到威胁的自家宅子放入别人的土地或菜园里，危险便会跟着转移。这些做法都可以将"仙子"赶走。

同样，当一户人家的东西落入别家的手中，这个有了缺损的家户便会面临凶险。倘若黄油搅不出来，那么原因可能来自被借走的炉炭、农具或牛奶。人们只要找到缺失的那件东西，把它放回原处，破口就修补上了。众仙子就是通过这样的缝隙闯入，给一家人的生活和财产带来危害。

不用说，在这样的转移中，谁家的地里被放进那件东西，谁就会倒霉。"皮舍洛格"里让人毛骨悚然的黑魔法，往往就采取了这一形式。要是一枚鸡蛋、一个土豆、一根榛子树杈或是荆棘什么的莫名其妙地出现在某家园子里，那便是巫术的证据，预示危险在向他的土地、财产和家人逼近。虽然归咎为导致厄运突降的原因有时是人们事后才恍然大悟过来的，但还是不得不服。信仰是一种社会习惯，并由发生了的事件所证实。

我给你们举两个例子，一个是死了的家畜，另一个是家里寻常的东西变得有了超自然的神力。第一个例子是位镇上店主讲他的一位乡下顾客所遇到的事。"一天，那个乡下人来店里，我问他一切可好。他说，糟透了，他的三头牛没了。我问他怎么回事，马丁说，咳，就是老话里'皮舍洛格'的事呗。原来，他在沼泽地里干活，发现了一具牛的遗骸。我问他，你拿它怎么着了呢？他说，就把它丢在那儿没管。他不打算动它，怕惹来'皮舍洛格'里的那些事。除了他们，还会有谁把那东西搬到那儿去诅咒他呢？怪不得在接下来的一个礼拜里，他的几头牛先后病倒，然后就死了……过了一会儿，我问他，喂，老兄，你干吗不找个兽医来看看呢？当然不啦，他说，我明知这几头牛是怎么回事，干啥还把好端端的钱扔给兽医呢？"

第二个例子是位小农庄主讲的一场灾难和庆幸的结局。他讲这故事的风格有点老派,但却是他记忆犹新的真实事件。我觉得在这起事里,教区牧师扮演的角色恐怕与这位乡下人想象的略有不同。

"我认识的一个老伙计在给土豆秧培土,还找了三个年轻人来帮忙。结果他们每人在园子里找到一只蛋,第一枚是鸡蛋,第二枚是鹅蛋,第三枚是火鸡蛋[他讲得眉飞色舞,很有戏剧性]。可事实是,这个农庄根本没养任何家禽。

"小伙子们回家后把这事告诉了他们的母亲,女人又把话传给别的女人,很快整个教区都知道这件事了。教区牧师也听说了。一天,他来到农夫家,进去坐了坐。他们东拉西扯地聊了半天,最后牧师才说,我为你感到很难过。为啥呢?农夫问。因为你要倒霉了。牧师跟他讲了那些蛋是怎么回事。

"果不其然,农夫遭了大难。家里的牲畜一头接一头地死去。他早上跨出门,就看见母羊都四脚朝天地躺在地上断了气,肚里的羊羔出来就死了。当时他有五头怀孕的奶牛,春天过后就只剩下一头了。猪也死了一只;妹妹也病倒了,几乎快要不行了。[后来又过了一阵]教区牧师来了……在农夫的屋子里做了几场弥撒。

"他现在的日子又红火起来,牛羊满圈。那大概是四年前的事啦。"

在这里,可以看到另外一种方式,将乡下人生活的价值观融入了信念。那些与他切身利益息息相关的物件,变得既可能有益于他所属的群体,也会给其带来风险,一切取决于面临疾病或灾难的紧要关头,这些物件与这个群体之间的关联。对于乡下人来说,一般情况下鸡蛋或榛木棍本无超自然的能量,也不危险。但在那些需要依靠传统来解救危机的特殊情况下,它们一下子拥有了全然不同的特质。于是,我们便有了似乎自相矛盾的情形,也就是说那些"威力"无比的东西,并非总是奇异、非凡、吓人的,反倒是些有用、熟悉、相貌平平的日常物件。铁能消灾,但铁并不神秘。一只鸡蛋成了施用巫术的标志;一小撮盐也可以保护家人免遭邪恶侵害。这些东西本身都不可怕,但在至关紧要的场合,它们获得了巨大威力,能够施以康复和治愈,也能伤害和毁灭。

乡下人的信仰对他起到的作用,似乎是任何有民间信仰的地方都注定要产生的。他所归属的群体对其赖以生活的行为规范和日常用品怀着敬意;传统又促使他对此敬意加以维持并使其具有条理。信仰将乡下人的关注和感情聚焦于这些规范和用品上,使他的习惯做法、他的需求以及他的物件变得神圣起来。也就是说,民间信仰在这里倾注的感情联想远远超出这些行为和物件在通常情形下承载的喜怒哀乐,事实上是赋予了它们象征符号的形式。

如此这般,民间信仰通过感情、仪式、治愈的希望和对邪恶的抵御,支撑起了这些行为规范和日常用品在乡下人的习惯和情感所依赖的社会生活中的重要地位,有力地将他拉回到正常而传统的生活里那安全又稳定的秩序中。

这就是民间信仰的力量所在。你或许会问,这怎么可能呢?坚信某个物品的救死扶伤能力,怎么就会使一个人回归他的社会习性并重获安全感,同时又实现治愈的目的呢?

答案就在人们约定俗成的联想在心理平衡中起到的作用。治疗使人复原;它提供了一套做法,照此办理,乡下人便可重获感情上的稳定如初。榛子木棍是乡下人有把握又习惯用的赶牛家什;鸡蛋是他吃惯了的食物;生铁更是他的老相识,天天拿在手里的工具和器皿。在他的个人习惯里以及他所属群体的生活中,这些物件都很有意义,让他联想到体验了无数遍的实实在在的日常安宁。乡下人没有把这些物件孤立起来单独看待,而是把它们看作他日常平安的关键组成部分。

因此,当疾病与死亡觊觎乡下人的财产和亲友,在他看来要威胁到他们时,他便求助于这些屡试不爽又真实可靠的物件。奶牛病了,他很可能先用蓖麻籽油来治,因为他毕竟是理性之人。如果蓖麻籽油不管用,他便会尝试其他的法子,抓住那些与正常秩序相关,代表着他习惯的、未受干扰的安宁生活的象征物。说实在的,他采用的办法与其说是在给牛治病,倒不如说是让使用这个法子的乡下人恢复内心的平静。

民间信仰在干扰安宁的起因和他采取的行动之间建立了符合逻辑的整合,将二者并入一个象征体系之内,既超越乡下人个人生活的规律,又紧紧依附于它。换句话说,这个整合采取了前因后果的形式。"榛子棍里有巨大的能量,"他会说,"它把'他们'赶跑了。"就感情逻辑而言,这话一点不假。

诸如此类,更多让乡下人联想到正常社会生活的区域被给予了特殊"能量"。它们被融入他的信仰之中,像仙子一样挥洒着要么修复生活要么打乱生活的魔力,从而拥有了仙子的属性。各种事件、人物、标志性的物件以不同方式被带入这个体系。而且就此,几乎所有的事物——依照传统方式的想象力——被投射到了充满敬畏、奇异和神秘"能量"的另一世界。乡下人根据这些投射之物在他信仰中的位置与其建立关系;他知道它们的用途,并在社区共享的民间信仰影响下养成了对它们的敬意。

这样一来,仙子信仰成为一种世界观(Weltanschauung),所有的人生经历在其感情联想的逻辑中均有一席之地。因此,一位老者在谈及仍在爱尔兰西海岸闹鬼的海洋怪物时,归纳道:"如果我们看得见的话,所有陆地上的东西也皆在海中。"这种世界观把世界融入了乡下人追随和熟知的生活方式。对于这位老者来说,隔开芒斯特(Munster)和康诺特(Connaught)两个旧省的那条延伸于克莱尔和戈尔韦之间的郡界线上,呼啸的阵风宛如仙子主子们正在厮杀战斗的啸声;难道今天的男人对人类的战争烽火不是依然记忆犹新吗?难道他们不是仍在说笑逗趣中嘲弄和奚落对方一省的男人吗?那些曾经有人活过又逝去的废墟上空,微风吹过的沙沙声,蝙蝠掠过的扑闪声,都不仅是声响,而是人类生活的一部分。有位老汉曾经住在巴利沃恩镇(Ballyvaughan)济贫院附近,他向我讲述了近距离接触"他们"的经过:

"在那儿,他们多极了,我和住在周边的人都习惯了,根本不把他们放在心上。那个地方他们无处不在;你走到哪儿,都会看到废弃的破房子,空洞的门和一扇扇长条的窗户,可以听见他们进进出出的响声。年景不好的时候,许多人死在里面。每间屋里都有他们在,前后左右你都能听到。我早就习以为常了,根本没把那当回事,但是每天都能听到。"

克莱尔郡海岸线上的莫赫悬崖雄伟壮观,是一处传奇繁多、引人注目的地标。而传奇中保留最好的,是把莫赫悬崖与现今生活相连的那些,它们以仙子故事的形式传达了这个地方对人的生命财产的凶险。有人告诉我,"每寸悬崖边上都有人掉下去过。过去,男人们经常下到悬崖底[去拾柴和打捞],他们顺着绳子慢慢下去。……利斯坎诺(Liscannor)那边有个家伙,白天黑夜都往下边去,捡那些失足坠崖的绵羊或羊羔什么的。有一回,爱勒纳瑟拉士（Aillenasearrach）那段崖边上有个小孩摔下去了，他到下面寻找尸体……等上来后，他说以后再也不下去了。因为下面每块礁石上都坐着人，黑压压的，从海里上来的人。……有两个小女孩寻找野花迷了路，仙子把花朵摆在那儿，让它们长。其实那些花儿压根就不在那儿，只是放在那儿误导人们掉下悬崖的。"

民俗中的信仰和礼仪为了共通的目的好像携手同谋，为乡下人提供了一种世界观。站在这一视角，他敬重的物体、场景和事件充满了他的社会生活中必需的情感力量。

而且，正如我们在整个讨论中再三看到的那样，乡下人把绝对占据首位的情感付出给了他身边的同伴：他的家庭成员、农庄所属、亲戚朋友和生活社区。在顺应他们的过程中，他养成了他的习性，在和他们结成关系的同时，他的社会生活有了条理和秩序。可以设想，仙子信仰和礼仪所象征的内容，大部分是他对其家人和挚友的关注，而对生活中非人类对象的敬意乃是次要的。

这样的估计有充足的证据。仙子信仰首先是社会生活的象征形式，通过感情认同的逻辑进而对人类与其伙伴的情感加以组织、引导和操控。

因此，凡是当人们与至亲之间的切身利益凸显时，仙子的威力及其凶险也最为强大。人们在亲友陪伴下走过一生的旅途，每当重大变动发生，超自然世界总会插足其中。婴儿出生，少年长成，娶亲成家，为人父母，直至衰老离世，在所有这些变动的节点上，仙子信仰都将乡下人牢牢攫入一张防范和警醒之网，将这些变化的重要性鲜明有力地标识出来。例如，一个婴儿的降生并非一起自然现象。对于一个家庭群体甚至间接地对于一个社区来说，这是性命攸关的变化。它是人们奔走相告欢欣祝贺的理由，同时也要求人们在新的社会责任面前显示出坚定和决心。它给那些欢迎新生命的人们带来生活方向上的调整。他们之间的相互关系有了进展；他们必须从此开始学会用新的方式来包容这位新成员，并为其在他的同伴生活中准备好一个位置。

因此，农村的典礼仪式将此事办得格外瞩目。风俗习惯把与之相关的人们聚集一道进行庆贺，对新成员在群体中的位置给予承认，表达将他们团结一心的那些情感。乡村里的"婴儿受洗"仪式以世俗的方式举行,却绝不是随意办的热闹排场;它在社会生活中的重要性与圣餐礼在浸礼教中的宗教意义一样重大。不必赘言,仙子信仰在此时表现得格外强烈。它围绕婴儿出生这一关键事件及其后果,要求人们采取各种各样必要的做法,步步带有强烈的感情色彩。恐惧、敬畏、惊奇,以及宗教的情感和单纯的小心,加在一起迫使乡下人逐步接受新的现实;民间信仰的逻辑随之将这些情感融入乡下人的世界观中。

每逢类似场合,仙子总会异常活跃。与分娩有关的所有联想既是能量满盈又前景叵测。就连在场守候的接生婆也成了具有魔法的人物;笼罩这一生死攸关且危机四伏事件的氛围,给予她全新的人格魅力。她可以对仙子发号施令,可以驱逐他们的攻击,还能穿行于空中,把孕妇临产的剧痛转嫁到蛮横无理或漫不经心的丈夫身上。她能与仙子魔力进行沟通;传奇故事里,助产婆会经常发现自己的活儿是仙子们在经手,而她本人却飘逸洒脱地飞向山寨围垣去服侍那里的仙子娘娘了。当然,接生婆对此矢口否认;但在信奉仙子的人眼里,甭管她怎么说,反正就是这样。分娩时发生的一切将助产婆和仙子连到了一处;围绕她和"他们"所引发的令人百感交集的联想实质,得到了一种解释。

对于许多仍按老传统办事的乡下人来说,社会生活和宗教生活中的其他重大变动,最终也都是这个道理。仙子的影子总是傲然其中。

所以,第一次圣餐礼和坚信礼——虔诚的乡下人在人生初期经历的两项重大事件——首次给他们的感情上的安宁带来了变动,让他们体验到那些神秘而神圣却也真真切切的力量。当然这主要是宗教经历的一部分。但这两桩事在乡下还伴随着当事人与同伴们的关系——按照传统社会组织结构——发生了变化。第一次圣餐礼后,孩子先是与跟自己性别不同的其他孩子分开,然后男孩开始接触各种农活,并在接受坚信礼之后结束了学校生活。家庭和社区里的人们必须从此正视他,对他的态度也与以往不同。在这些变动中,仙子都扮演了一份角色。为了抵御他们的魔力而采取的提防,使人们更加依赖于能够吸纳这些重大变动的象征体系。提防的小心谨慎让这些关系变动的重要性和人们必须学会的新性情,显得确定无疑也难以忘怀。也就是说，感情再次被调动来塑造人们的社会习性。

如果我们跳过婚姻——在该环节上民间习俗和信仰为了同样目的，作用匮浅——便可以全神关注人生中最重大的变动了。死亡，给人们的社会习惯带来空前的变故，从根基上彻底搅乱了人们感情上的平衡稳定。然而，社会必须允许死亡的发生，必须提供有序的过渡和延续。

笃信天主教的爱尔兰人当然首先是在他的宗教信仰里找到最大的慰藉。他晓得他所爱的人的命运。他的宗教信仰教给他如何通过祈祷、如何通过与圣者交流的仪式继续跟他所爱的人对话。宗教信仰治愈他的痛楚，给他提供了填补死亡所留下的巨大真空的办法。

然而，如我前面所说，乡下人的心中还给仙子信仰留下了空间。同宗教一样，社会生活也必须给死亡一个说法。死亡把一个曾经作为兄弟、朋友或伙伴的人夺走，但缔结了他们之间关系的情感和习惯纽带，依然痕迹尚新。修复之事迫在眉睫，只有经过修复，群体里的逝者和生者才能获得新的相处方式。乡下人在这方面与我们所有人感同身受；他不能忘怀"那旧日熟悉的面容"。他必须在民间传说和习俗的世界观里找到一种解释，为什么那些已经消失的面孔仍在深深地影响着他。

于是，逝者加入了"他们"的行列。在世俗世界与宗教信仰神秘领域的交界之处，逝者在仙子的行列里找到了位置——后者也被误打误撞地称为"好人"(good people)。他们变成了栖身山寨围垣和丘陵洞穴的常客。这与正式宗教信仰之间并没有根本性的不相兼容，尽管民俗可能会挣脱宗教信条的束缚，甚至以卑微的风格唱起对台戏来。不管怎样，逝者在记忆里、在传统中，都实实在在地影响和感应着生者。死亡正是我们每个人都在向之迈进的"另一世界"。正如民间信仰激发的诗境意象令人不禁脱口而出："西屋老翁影，恰随夕阳终"。

将逝者和仙子并列，为什么不呢？要记得，仙子也并不总是滥施邪恶和令人生畏的呀。他们施展的魔力既作恶也从善，既惩治也奖励。乡下人在现实世界里有亲朋，在仙子当中同样也有挚友。阿伦群岛的一位女子对格雷戈里夫人解释她的信仰时，话语里透露出她已把此生尘世的忠厚汇入了另一世界。"当家里有人生病，屋子周围就会听到搏斗的响声。我们管那叫做朋友之战,因为我们相信那是患者的朋友和敌手正在为争夺生病的人在奋力厮打。"

毫无疑问,现世生活里人们之间的互助互惠所建立的习惯和情感,同样会被投射到阴间。人们必须要像对待生者般地对待死后的"他们";必须行"善"。有这样一个故事,讲的是洛克村的一个男人,说他晚上"正走在路上,突然见到了他哥哥的鬼魂。可他对它什么都没说,于是鬼魂一声不吭地跟他一路回到家。他俩在火边坐了很久,[活着的]这个男人只想等另一个走后自己好上床睡觉。末了,死者终于开口说:'今晚我们巧遇,你却连声招呼都不打,太让我郁闷啦。现在我要走了,如果山寨围垣里开会讨伐,我可护不了你。'果不其然,那男子有头牛正在生病,之后第二个礼拜就被'带走'了。"

因此,你们看,人们可以把"他们"想象得神秘莫测,也可以让他们变得大胆而亲切。洛克村的年轻人仍然相信这些老一套的说法,只是他们把具体怎么表达留给了年长的人。当年轻人解释为什么某老汉脑袋上长了个瘤子,你能从他们的话里听出他们也相信"另外那帮人"与活人生活得近在咫尺,而且他们中的朋友能直接给以援手:

"谢默斯老爹喝得醉醺醺地走在路上,碰上他们一帮子,其中一个还扇了他一巴掌。如果他忍了,也就没事了。可他甩掉大衣,向他们挑战,要比试比试。结果让他们好好地收拾了一顿,脑袋瓜也打破了。幸亏他们其中有一个是他过去的铁哥们,救了他一命。"

即使处于最怪异的幽灵状态,"他们"也并非总让人感到毛骨悚然。在爱尔兰农村,死亡已经成为生活的一部分,以至于谈不上恐惧。对于上了年纪的人来说,"他们"离得非常之近;已经有太多的朋友跨过今世和阴间的那条界线,到那边去了。

因此,差不多生活的方方面面都会有逝者的踪影。在一些长者眼里,那个由"另外一些人"主宰的神奇世界,其实就延展于他们的前后左右。对于他们这些已经领悟此类神奇的人来说,真没什么好怕的。这里有一段我和克莱尔郡北部一位高寿老人的谈话记录。他思路敏捷,对地方民俗了如指掌。他对我的幼稚提问的回复,显示出他对乡下的象征体系有着多么坦然的感知、接受和反应:

我问他"cowl"是什么。"哦,那些是全家人都死光了的房子。如果不太糟,还没快倒塌或脏得不得了,有人会搬进去住。你经常能看到一些老人坐在里面。""什么人呢?"我问。"就是以前住在里面的人,"他答道。"你是说鬼吗?"我问。他鄙夷地回答:"你兴许会看到那些房子里的亮光,就像你走夜路,对面擦肩而过的人你并不认识,你也说不准他们是不是鬼。再说了,镇上那么多人从你身旁经过,你怎么知道他们是什么呢?"

只有我这样的年轻人,才会被爱尔兰农村里那些说不清道不明的东西吓到。除了上了年纪的,一般人在如此神秘莫测的东西面前都会有一种瞠目结舌的感觉。因此可见,民间信仰的构成形式具有一种社会目的。通过它,信徒们下意识地对人类关系的情感组织方式达成了共识;民俗传统于是再次体现了基于年龄和过去的社区组织结构。无论是在仙子传奇光环下和在家庭传统及思亲象征物品的簇拥中搬进西屋的老夫妇,还是占据农村亲属关系核心并将人们的情感引向昔日神秘祖传血脉的长老们,抑或影响社区如何营造当地社会生活的老汉和婆婆,所有这些年长者们都没有必要惧怕象征他们已经拥有的社会地位的奇异幻象。相反,他们慢慢将自身融入其中,成为通晓民间传说的高手,以至于有时随心所欲地对其加以操控。说真的,他们自己本身就已经半仙了。"智叟"和"智婆"总是年迈的。仙子魔力最常见的形象是老头子或老婆婆的这一事实,绝非巧合。他们已经是仙子信仰神秘世界的局内人了。

这一现象让我们看到社会习惯和信仰之间的终极融合。农村的亲属关系将男女老少组织在一起,向过去的逝者和至尊的先祖看齐。由于传统和先例通过老人得以保留和表达,所以随着一个人在年龄级别上步步纵深,社区授予他的地位和影响力也愈加厚重。而仙子信仰则从信念和感情方面起到了异曲同工的作用,仿佛原本的立意设计即是如此。当然,与其他情形一样,该设计是无意识的,并非人为策划;它汲取于社会秩序又反作用于其上。它的意象是传统的,但功效旨在当下。也正是因为如此,民间信仰存活至今。

于是,在长者、逝者以及作用于乡下人生活中的物件、行为及价值观的神奇感应力三者的融合认同之中,一个象征性的秩序圆满形成。民间信仰通过古老的仙子崇拜及其年深日久的意象,形成了一个完整的感情综合体系,紧紧依附于人们的思念情感和生活习惯又反作用其上,并随着每一代新人习得旧式生活方式而不断重新萌发出来。当然,历代新人会对此象征体系稍作修改;其融合的元素也不断地装扮一新,调换侧重。老年人和青年人都受到它的支配,但各自方式不同。今天的年轻人不易轻信,桀骜不驯,不接受老式意象那一套。正统教会对"民间信仰"的指责,年轻人也同样摒弃。今天,民间信仰与这个世界上所有其他东西一样,与爱尔兰的所有其他东西一样,正在经历显著的改变。

但这并非像某些研究民俗的学者们想象的那样,民俗传统的丧钟敲响了。还差得远呢。这不过是在说,象征性的秩序如同人类生活中所有的成长一样,必须不断地变化向前。新形式和新意象将会产生,会以富于感性的方式来表达社会生活中必需的习惯和情感的再造。新的元素合成将会带来新的信仰,或改变旧式信仰,或一点一滴地将其取代。

今天,人们可以在爱尔兰农村看到这个变化过程。那些排斥仙子的人,其实他们排斥的只是那些过时的象征和陈旧的意象而已。他们并不否认象征秩序在他们自身生活中的必要。研究人类的学者今天正在意识到,他们不能否认象征秩序的必要,因为没有哪个人民会否认。社会生活的情感总会通过信仰和意象的逻辑,被人们有效地加以组织。信仰首先提供了一个如何看待生活的观念;之后,也只有在那之后,信仰才继而成为一个如何看待世界的观念。然而,人类的生活包括必不可少同时又令人富足的感情表达;谁也受不了长期的精神压抑。正因为如此,社会秩序的逻辑不是科学教条和说教,而是感性的逻辑。所以,那些在乡下驳斥陈旧象征的人,其实是在要求象征的侧重要有所改变。他们并非在为纯理性科学大声疾呼,也不是要摒弃象征主义。他们只是在要求出现新的象征。

目前情况下,改变可能朝两个方向进行。民众的心里也会一如既往地两者兼容,因为这两种做法相互连接,都顺应了乡下人的社会秩序。第一个方向是引导乡下人沿着正统宗教的方向走得更深,宗教越来越多地承担起社会生活所必需的平衡感情的功能。因此,对天主教的信仰正在乡下形成不断拓展之势,取代了许多人心中不久前还热衷的"皮舍洛格"。第二个方向则引导人们比以往更加坚信,逝者和死亡与社会生活中的紊乱和安定之间确有关联。这终归是信仰必不可缺的核心之一,强有力地表达了生活是如何围绕传统和延续而组织形成的。即使那些古色古香的象征意象必须舍去,这一核心仍将继续保留。

也正是由于这一原因,今天的爱尔兰农村里,仙子愈加让位于鬼魂。以往民间传说中报丧女妖出没的大道上,现在来回巡游的是前世"褐衫保安"的幽灵。①通过强调逝者在民间信仰里的作用,情感联想和社会生活的必要融合仍会一如既往地对变故和持续做出回应。当然,鬼魂执行这份差事一点不比仙子差,只可惜少了后者诗歌般的霓裳。

在怎样对待死亡的态度上,人们可以全方位地见识到爱尔兰乡村社会制度根深蒂固的力量所在。讲爱尔兰语的人们口中,似乎更可能迸发出诗神才华般的真知灼见,给予死亡更深刻更触动人心的感悟意义,为许多其他种族语言之不及。这也出现在日常平凡的现世社会生活的世界里。农村生活中最重要的世俗礼仪莫过于守灵和葬礼。人们成群结队地来到守灵的屋舍,向死者致敬,向生者慰问;之后,徒步的人们,乘坐两轮轻便马车、多座马车和现代轿车的人们,连接起长长的送葬队伍,从守灵的地方出发前往教堂,然后又从教堂去到墓地,缓慢而庄重的一队人行进在旷野里的大道上。旁观者在他们身上看到了包含所有乡间生活价值取向的经典一幕。

亲属关系的纽带在此刻坚不可摧。传统习俗敦促所有血缘亲属履行一系列的重要角色:安放死者,抬扶棺木,挖掘墓坑,恸哭挽歌,致献悼词,等等,重现了游吟诗人时代悲歌绝唱的最后遗迹。死者身后的家庭成员也在盛情款待所有来宾的过程中,骄傲地确定了他们自身以及死者在社区生活中的位置。

仙子传说参与了葬礼的自始至终。据说报丧女妖的哀嚎实际上是人们在葬礼上以仙子嗓音发出的恸哭。就像生者用撕心裂肺的痛哭纪念失去的

---

① 报丧女妖(banshee):在凯尔特传说中,她的出现或厉声哭号是在预告某个家庭成员即将离开人世。褐衫保安(Tans)是指1919 - 1921年间英国政府派至爱尔兰镇压当地人民争取独立运动的治安警队,因其制服颜色被称作 Black and Tans 或简称 the Tans,即褐色。——译者

亲人,女妖的刺耳哀嚎宣告了象征世界里的命丧黄泉。所以,死者亲属出于共同缘由造成的共同失去,在灵堂一定要以嚎啕大哭相互致意。

家中和农庄上的物件也被再次汲取到感情的象征意义之中;人们要小心保护它们,否则它们会与死者一起离去。死亡发生的时间和地点,往往也被缠绕上千丝万缕的超自然联想。

构成社区的友好关系及社会地位的互助互惠之风,这时展现得淋漓尽致。一个死者可以调动一群人。任何回避、不重视丧礼之日的做法,都是大逆不道的冒犯。遇到送葬的队伍,每个"像样的爱尔兰人"都会转身加入送葬的人流走一程,哪怕只是几步。作为致意,集镇上所有临街的百叶窗紧闭,商店铺面都上了门板。说真的,在盖尔语里,葬礼和众多是同一个词,含义贯通。根据仙子传说,"从来没有一个葬礼上另外的那帮人不出席的,他们不过跟随在人们身后罢了"。不少痴迷旧时传说的乡下人会在一股小旋风或一团薄雾里看到仙子们举办的葬礼。

他由此知道,传统社会生活的经典表达方式正在把爱尔兰农村的所有乡下人召集在一道,正襟危坐或嬉笑打闹,再次上演他们对同伴的深情厚谊,展示他们眼中的人生、死亡和命运。

索　引

（索引页码为英文原书页码，参见本书边码）

Age status 年龄地位 63—67,107—111,113, 114,116
　　division of labor 劳动分工 63—66
Anthropologist 人类学学者（家）21—25,27—30
　　detachment of ～的置身事外 29
　　social anthropologist 社会人类学学者（家）34—35,105
Anthropology 人类学 21—30,34—35
　　as operational science 作为操作性科学的～30
　　development of ～的发展 23—27
　　physical anthropology 体质人类学 34—35
　　social anthropology 社会人类学 26—30,42
Apprenticeship 学徒 63—64,144—145,148
Archaeology 考古学 33—34

Birmingham,George 伯明翰,乔治 33
Black magic 黑魔法 42,175—176
Blood 血缘,血统 84—86,99,102,103
　　参见 Familism; Kinship

Cailleach 妖婆 114—115
Carleton,William 卡尔顿,威廉 102
Caste 种姓制度 100
Catholicism 天主教信条 32—33,165,166—167, 182—183,187,189
　　参见 Religion
Cattle (奶)牛 51—52,53,54,97
　　in folk belief 民间信仰里的～172—173
Celtic past 凯尔特人的过去 31,33—34,138
Census:1926,1926 年的人口普查 48—50,95— 98,146
　　1936,1936 年的～98 注
Ceremony 典礼,仪式 113—114,174,181—183
　　birth 出生 181—182
　　match-making 相亲 77
　　protective formulae 保护性措施 169—170
　　wake and funeral 守灵和葬礼 116,189—191
Childbearing 生育 90—91
Childlessness 无子女 92,126
　　"country divorce" "乡下离婚" 92
Child's role 孩子的角色 57,63—67
Clan 宗族 33,84
Cliffs of Moher 莫赫悬崖 36,180
Cliques 参见 *Cuaird*
Comhair,参见 *Cooring*
Conversation 对话,谈天 30,117,122—130
　　另见 *Cuaird*
Co-operation 合作 59—73,111
　　"lending a boy" "出借男孩" 70—71
　　参见 *Cooring*;Friendliness;Kinship
Cooring 搭伙儿 72—73,169
　　between shopkeeper and countryman 店铺老板和乡下人之间的～142
　　in Rynamora 林那莫纳村的～122
"Country divorce" "乡下离婚" 92
"Cowl" "全家死绝的房子" 186
Credit system 信用体系 155—158
Cuaird 库艾尔德,串门(会) 122—130
　　as structural center 作为结构中心的～132—135
　　of old men 老年人的～119—120
　　of young men 年轻人的～130
Custom 习俗 30,38—47,104,147,162,163
　　age status 年龄地位 108
　　in farm work 农庄活路的～58—59
　　local cattle fair 地方上的牛畜交易集市 52
　　"new woman" "新主妇" 90—91
　　"old man's curse" "老头的诅咒" 42—46
　　"west room" "西屋" 38—42
　　参见 Tradition

Death 死亡 183—191
　　"cowl" "全家死绝的房子" 186

wake and funeral 守灵和葬礼 116,191

"west room""西屋"39

Debt 债务 159

Delargy,Mr. 德拉吉先生 36

Diet 饮食(习惯) 52,56—57,60

 privilege and precedence 特惠和优先 117

Diffusionist technique 文化传播学的方法 25—26

Division of labor 劳动分工 61—66

 age 年龄 63—66

 sex 性别 61—63

Dowry 彩礼,礼金 78—81,103

 in town and country match 镇上和乡下相亲时的～147—149

 参见 Marriage;Match-making

Dupertuis,Wesley 迪佩尔蒂,维斯利 35

Dynamics 动力 83

Einzelhof 独户农庄 54

Emigration 移民 83—86,95—98,144—147

 apprenticeship 学徒 144—145

 town match 镇上相亲 145—147

Equilibrium 平衡 83,86,93

Evolution 进化 23—25

Fairy lore 仙子传说 31,102,144,165—191

 as *Weltanschauung* 作为世界观的～179—180

 defense against fairies 抵御仙子 174,177

 in *cuaird* 串门会上的～130

 wake and funeral 守灵和葬礼 190—191

 "west room""西屋"38—40

 参见 Folk belief;"Pisherogues";"Powers"

Familism 家庭至上观念 54,68—69,94—95,99,105—106,148—149

 of artisans 手工匠的～102

 of shop 店铺的～139—141

 参见 Blood;Kinship

Famine 大饥荒 95,97,99

Farm 农庄 38,48—55

 small farm 小农庄 51—55

 statistics 统计数字 49—50

Father-son relationship 父子关系 65—67,112

Field work 田野调查 25

Folk belief 民间信仰 158—159,178—187

 as *Weltanschauung* 作为世界观的～179—180

 cattle (奶)牛 172—173

 "cowl""全家死绝的房子"186

Folklore 民俗,民间传说 31,36—46,61—62,63,163—166,171—175,188—191

 black magic 黑魔法 42

 "old man's curse""老头的诅咒"42—46

 preservation of ～的保留 33—34

 "west room""西屋"38—42

 参见 Folk belief;Tradition

Free state government 自由邦政府 34,48

Friendliness 友好 72—74,84—86,

 参见 *Cooring*;Kinship;Reciprocity

"Haggard"(farmyard)农庄院子 55

Harvard University 哈佛大学 34,35

Harvest 收获 60,70—73

Hencken,Hugh 亨肯,休 34

Herskovits,Frances S. 赫什科维茨,弗朗西丝·S. 24

Herskovits,M.J. 赫什科维茨,M.J. 24

Hooton,Dr. 胡顿博士 34,35

Hospitality 好客 74

Hypergamy 上嫁婚配 149—150

Inheritance 继承 65,77,81,87,92—93

Irish Folklore Journal《爱尔兰民俗学报》36

Kimball,Mr. 金博尔先生 35

Kinship 亲属关系 44—46,73—75,84—86,113,142—143,153—154,187

 credit system 信用体系 155—158

 obligations 义务 74

 security 安全保证 75

 wake and funeral 守灵和葬礼 190

 参见 Blood;Familism;Friendliness

Land 土地 99,102—103,105—106,

 参见 Familism

Language 语言 36,37,73,114—115,189

Luogh(community)洛克村(社区)36—38

Lynd,Helen M. 林德,海伦·M 29

Lynd,Robert S. 林德,罗伯特·S 29

MacNamara,Brinsley 麦克纳马拉,布林斯利 21

Magic 魔法 42—43,63,117

 black magic 黑魔法 42

Malinowski,Bronislaw 马林诺夫斯基,布罗尼斯拉夫 24

Man's role 男人的角色 56—57,61—63,149—150
　　参见 Roles;Status
Marrett(anthropologist)马雷特(人类学家) 163
Marriage 婚姻 41,77—81,87,93—94,96—98,101,126,146—147,152
　　参见 Dowry;Hypergamy;Match-making
Match-making 相亲 77—81,146—147,152
　　参见 Dowry;Hypergamy;Marriage
Movius,Hallam 莫维斯,哈勒姆 34

"New woman""新主妇"81,90—91
Non-normative science 非规范性科学 24

Old-age pension 养老金 88
"Old custom"参见 Custom
"Old man's curse""老头的诅咒"42—46,74,162
Old people 老年人,长者 41—42,46,87—90,98,107—110,113,116—118,186—187
　　参见 Age status;Cuaird;Kinship
O'Rahilly(eighteenth-century poet)奥拉希利(十八世纪诗人) 112,114

Pareto,Vilfredo 帕雷托,维弗雷多 24,112
Patriarchy 父权 63,65—67,148—150
　　参见 Man's role
Physical anthropology 体质人类学 34—35
"Pisherogues""皮舍洛格",迷信 166,172,175—176,189
Plunkett,Sir Horace 普伦基特爵士,霍勒斯 85,135
Politics 政治 129
　　shopkeeper-publican（进入政界的）店铺主人和酒馆老板 160—162
Population statistics 人口统计数字 95—96
"Powers"（仙子）"魔力"174—175,177—179
Prestige 名望,声誉 68—69,80—81,102—103,107
　　参见 Status
Primitive behavior 原始初民行为 23—24
　　minuscule social system 小型社会体系 27—29
Protective formulae 保护性措施 169—170

Reciprocity 互助互惠（关系）62,111,138—139,143—144,155—159,190
　　tribal 部族的～29
　　参见 Credit system;Kinship

Recreation 娱乐活动 31,112,130—132,118—120.
　　参见 Cuaird;Hospitality
Relativity 相对性,相对论 24
Religion 宗教 32—33,115—116,166—167,169—170,188—189
Remittance 汇款 86
Roles 角色 62—66,110—111,115—118,149—150
　　privilege and precedence 特惠和优先 116—118,128
　　参见 Child's role;Man's role;Status;Woman's role
Rudimentary forms 初始形式 27
"Rundale"(type of settlement)百纳拼花被状的村落（居住地类型）54
Rynamona(North Clare community)林那莫纳村（克莱尔郡北部的社区）119—135

"Saint"圣人 45,114—115
St. Bridget's Day 圣女布里齐特节 59
St. Patrick's Day 圣帕特里克节 59
Seasons 四季 58—61
Shop 店铺 139—148,150—153,155—159
　　apprenticeship 学徒 144—145
　　credit system 信用体系 155—158
　　familistic unit 家庭至上观念的（实体）单元 139—140
　　"family trade""家庭贸易"142—144,156
Shrovetide 忏悔节 59,104
Social anthropology 社会人类学 26—30
Social censure 社会谴责 45—47,101,108,130,158
Social order 社会秩序 162,188
　　primitive society 原始初民社会 27—29
Social stratification 社会阶层 99—101,103
　　参见 Status
Statistics 统计数字 48—50,95—98,146
Status 地位 66—67,99—100,116,122—130,134,143,159
　　honors of young men 年轻人的荣誉 132
　　metropolitan prestige 大都市的荣耀 136 及以下诸页
　　of artisans 手工匠的～102—103
　　of old people 老年人的～87—90,107—111
　　参见 Age status;Blood
Structure 结构 76,83,135
Superstition 迷信 33,40
　　参见 Fairy lore;Folk belief;"pisherogues"
Survivals 残存 23—24

Symbolic order 象征秩序 179,188
Synge, John M. 辛格,约翰·M. 113

Tir na nÓg 长青之地 41,42
Tobacco 烟叶 117—118
Town 集镇,市镇 136—138
    economics 经济 136
    familism 家庭至上观念 141
    flux（人口的）流入 141,152—153
    history 历史 136—138
    near-urban values 靠近都市的价值观 151—153
    reciprocity with country 与乡下的互助互惠（关系）139—148

Tradition 传统 31,33—34,36,40—41,57,63,106,112,117—119,130,177—178,191
    in match-making 相亲的～77—81
Trobriands of Melanesia 美拉尼西亚的特罗布里恩德群岛 29

Wake 守灵 116,189—191
Warner, Mr. 沃纳先生 35
"West room" "西屋" 38—42,46,77,107,162,184
Woman's role 女人的角色 55—58,61—63,92—93,149—150
    emotional role 感情上的角色 67
"Writings" "书面文字" 形式 81

图书在版编目(CIP)数据

爱尔兰乡下人:一项人类学研究/(美)康拉德·M.阿伦斯伯格著;乐梅译.—北京:商务印书馆,2022
（汉译人类学名著丛书）
ISBN 978-7-100-19899-8

Ⅰ.①爱… Ⅱ.①康… ②乐… Ⅲ.①农村社会学—爱尔兰 Ⅳ.①C912.82

中国版本图书馆 CIP 数据核字(2022)第 111098 号

权利保留,侵权必究。

汉译人类学名著丛书

爱尔兰乡下人
——一项人类学研究
〔美〕康拉德·M.阿伦斯伯格 著
乐梅 译

商 务 印 书 馆 出 版
（北京王府井大街 36 号 邮政编码 100710）
商 务 印 书 馆 发 行
北京市白帆印务有限公司印刷
ISBN 978-7-100-19899-8

2022 年 8 月第 1 版　　开本 787×1092　1/16
2022 年 8 月北京第 1 次印刷　印张 10¾
定价:48.00 元